AF367966

JESÚS Y CRISTO

Historia oculta de una misión Divina

Jesús García-Consuegra González

Editorial ⊙ Creación

Temática: Cristianismo; Espiritualidad; Magia y Filosofía Oculta; Religión

© Jesús García-Consuegra González
© Editorial Creación
  Jaime Marquet, 9
  28200 - San Lorenzo de El Escorial
  (Madrid)
  Tel.: 91 890 47 33
  http://www.editorialcreacion.com
  http://editorialcreacion.blogspot.com/

Primera edición: junio de 2002

ISBN: 978-84-95919-01-4

Depósito Legal: M-22321-2002

Maquetación: Mejiel

CONTENIDO

INTRODUCCIÓN 7

PRIMERA PARTE

LA CREACIÓN 15

LA CAÍDA 27

SEGUNDA PARTE

LA INMACULADA CONCEPCIÓN 37

EL NACIMIENTO DE JESÚS 43

EL CONCEPTO DE CRISTO 59

 NACIMIENTO DE CRISTO 63

MISIÓN DE CRISTO 73

CAMINO DEL GÓLGOTA 81
    Las tentaciones 81
    Las Bienaventuranzas 86
    Resurrección de Lázaro 95
    Sacrificio del Gólgota 100

LA RESURRECCIÓN 107

TERCERA PARTE

EL SENDERO HACIA CRISTO 117
    Nacimiento Místico (Bautismo) 118
    Transfiguración 121
    Lavatorio de los pies 122
    Getsemaní 123

Crucifixión 125
Resurrección... 127
Ascensión 127

EL RETORNO DE CRISTO 129

ÉPOCA ACTUAL Y FUTURO DE LA HUMANIDAD............... 135

INTRODUCCIÓN

Soy consciente de que escribir algo, por poco que sea, sobre los acontecimientos que tuvieron lugar en Palestina a principios de nuestra Era cuyo principal protagonista fue el Cristo, entraña una enorme dificultad. Confieso que cuando comencé a escribir este libro, sólo el entusiasmo, el ánimo de algunas personas entrañables y la convicción de que podía aportar algo importante a la sociedad, empezando por mí mismo, me convencieron para que siguiera adelante. No obstante, una vez acabado, debo constatar que ha sido una de las experiencias más hermosas de mi vida.

Sé que en algunos capítulos me he quedado corto; y que en otros, quizá se haya deslizado algún que otro error. Además, es muy posible que muchas personas encantadoras, cristianas o que profesan cualquier otra religión con verdadera devoción no estén de acuerdo con algunas de las opiniones e investigaciones aportadas en este libro. Sepan que no es mi intención polemizar, sino sólo exponer unos conocimientos, con los cuales, en su mayor parte, me encuentro identificado; pero también reconozco que la Verdad tiene muchas formas. Cada uno la ve según su necesidad, su experiencia y su ley interna. La Verdad se construye con muchos puntos de vista, al igual que la historia de aquel elefante del cual cada persona percibía una parte de su anatomía: unos veían las patas, y creían que era el elefante completo; otros, la trompa; otros, la cabeza; otros, el cuerpo... Cada uno estaba convencido de que percibía la totalidad del elefante y que los demás estaban en un error; sin embargo, todos se habían formado una idea del elefante según su particular punto de vista. Todos los puntos de vista juntos formaban el elefante. Asimismo, todas las ideas acerca de Dios forman a Dios, y, seguramente, según vayamos evolucionando iremos descubriendo nuevas ideas acerca de Él que, por el momento, somos incapaces de percibir. Por eso los seres humanos hemos de poder llegar a reconocer con humildad que nadie tiene la verdad absoluta, y que equivocarse y no saberlo todo es de humanos.

Una vez expuestas mis limitaciones como ser humano y escritor de unos hechos transcendentales, deseo aclarar que he abordado la tarea con el máximo respeto, teniendo en la mente, cada vez que me disponía a escribir algo, aquellas palabras que Dios le dirige a Moisés en el monte del Sinaí: «Descalza tus pies, pues el lugar que pisas es sagrado» (Éxodo 3:5). He intentando aportar en todo momento lo mejor de mí, y he tomado las mejores ideas que sobre el tema de Cristo, en mi opinión, han sido dadas a la Humanidad por clarividentes reconocidos en el mundo de la Teosofía como los más fidedignos y coherentes que nos ha legado el siglo XX. Iniciados de la talla de Rudolf Steiner, Max Heindel, Kabaleb...

Con mi particular visión, no obstante, he querido ordenar y resumir un poco todo lo que se ha dicho sobre el acontecimiento más grande ocurrido en la Humanidad: el nacimiento, muerte y resurrección de Jesús y Cristo. He intentado, dentro de lo posible, hacer claro un mensaje trascendente que, a mi modo de ver, ha sido poco comprendido: el mensaje de Cristo. Y, también, explicar que no se trata sólo de un acontecimiento histórico, sino de un Hecho Espiritual que está destinado a transformar a la Humanidad, empezando por cada uno de nosotros. El acontecimiento histórico de la vida de Jesús-Cristo marca el comienzo de un Hecho Místico que ha de ocurrir en el interior del ser humano y transformarlo por completo.

La obra se compone de tres grandes bloques: Antes de Cristo, Época de Cristo y Después de Cristo.

En el primer bloque se tratan los dos temas más relevantes, que creo imprescindibles, para entender los capítulos referentes a la Época de Cristo: La Creación y la Caída.

La Creación desarrolla todo lo que ocurrió desde el inicio de nuestra andadura, como «Espíritus Virginales», en el Periodo de Saturno hasta el Periodo Terrestre. No obstante, al no ser el tema principal del libro, es tratado de forma resumida. La única intención, al incluirlo, es exponer un poco de la historia oculta de nuestro planeta tal como nos lo han contado los investigadores espirituales, para que después, cuando se haga referencia a los distintos Periodos por los que ha pasado nuestra Tierra, sepamos a que nos estamos refiriendo.

En La Caída se explican todos los pormenores del acontecimiento que marcó nuestro peregrinaje a través de la materia, haciendo que nuestro espíritu pase por distintas reencarnaciones en diferentes cuerpos físicos. Se habla de los luciferes, principales protagonistas de este suceso, hecho que marcó la necesidad de la venida de Cristo y su encarnación en un cuerpo humano.

La siguiente parte: Época de Cristo desarrolla el tema principal del libro: ¿Quién es Jesús?; ¿quién es Cristo?, ¿cuál fue su Misión? Para contestar a estas preguntas me he apoyado en las investigaciones de los grandes Iniciados del siglo XX, que nos han transmitido que Jesús y Cristo no son la misma entidad. Jesús es un hermano nuestro, un ser perteneciente a nuestra oleada de vida, la terrestre; mientras que Cristo es una Divinidad, un Ser perteneciente a una evolución superior, el guía de los Arcángeles. Además, Rudolf Steiner nos habla de dos niños Jesús, que luego se unieron formando uno solo. Esta parte trata todos estos temas en profundidad, y explica la Misión de Cristo, según la investigación clarividente, cuya principal nota a destacar es la apertura de la puerta del reino de Dios a todos los hombres, donde antes sólo tenían acceso unos pocos elegidos.

Por último, Después de Cristo aborda el tema de nuestra unión con el Hecho del Gólgota, nuestro desarrollo interno. Aunque, por supuesto, hay muchos métodos que pueden ser diferentes del aquí expuesto, pues solamente se trata el desarrollo interno por medio de la Iniciación Cristiana o la meditación en los grandes acontecimientos de la vida de Cristo; meditación que permite hacer nacer y crecer al Cristo Interno, y así prepararse para la gran etapa futura, el próximo Periodo evolutivo, el Periodo de Júpiter.

Espero que este libro ayude a todos los que buscan con sinceridad y desean convertirse en portadores de Amor y en pioneros de un reino que se forma primero en el interior de cada uno, para que el reino de Dios sea, lo más pronto posible, una realidad entre los hombres. Ese es el pensamiento y el deseo que he puesto en circulación al escribir este libro. Mi mayor ilusión y alegría sería recibir la noticia de que lo he conseguido, y que todos los que lean esta obra puedan dar un paso más, por pequeño que sea, hacia ese Paraíso prometido.

1. La Creación del mundo. *Gustavo Doré.*

LA CREACIÓN

«Nadie que enciende una luz la cubre con una vasija, ni la pone debajo de la cama, sino que la pone en un candelero para que los que entran vean la luz.
Porque nada hay oculto, que no haya de ser manifestado; ni escondido que no haya de ser conocido, y de salir a la luz».

Lucas 8: 16,17

La lógica de nuestro razonamiento nos enseña que toda obra física parte de una idea, un pensamiento; es decir, para que algo llegue a ser una realidad material en el mundo físico, primero debe haber sido pensado. Si yo quiero construir una casa, trazo un plan, imagino cómo quiero que sea: en qué lugar la edificaré, cuantas habitaciones tendrá, de qué color la pintaré...

Todo, absolutamente todo, antes de llegar a la existencia física, ha de ser pensado por alguien, debe seguir un plan, un orden. Este detalle, sencillamente lógico, escapa a la conciencia de muchos, que piensan que el mundo material con todo su esplendor (mineral, vegetal, animal y humano), obedece al azar, a una casualidad cósmica. Sin embargo, frente a éstos —o al lado de éstos— están quienes afirman que el mundo físico y todo lo que está dentro de él se debe a un Plan Divino que primero ha estado en la mente de una Deidad.

Hoy en día, esta idea y la investigación teosófica sobre ella están bastante desarrolladas, aunque desde los tiempos más remotos las religiones nos han transmitido exactamente lo mismo; teniendo en cuenta, claro está, la evolución y perspectiva histórica de los individuos que las componen; esto es, «la Creación obedece a la idea y sacrificio de la Divinidad, y su semilla evoluciona desde la inconsciencia hasta la omnisciencia».

¿Cómo veía cada religión esta Creación?, o mejor dicho: ¿cómo se las apañaron los fundadores de dichas religiones para hacer entender a sus seguidores la complejidad de la Creación?

Desde nuestra forma de pensar, nos es muy difícil entender la mentalidad primitiva; pero haciendo un esfuerzo, analizando a los más salvajes que aún conviven en el mundo con nosotros y la forma que tienen de comportarse, o incluso apelando a esa parte salvaje que todos llevamos en nuestro interior, podemos hacer un esfuerzo por entenderlos. Si hoy en día nos es imposible hablarle a un salvaje de altruismo, amor al prójimo, bondad, sacrificio y hermandad, en aquellos tiempos debía ocurrir, como poco, lo mismo. Para un salvaje u hombre primitivo con mentalidad muy por debajo de la media, los valores más importantes son la fuerza y el poder. El egoísmo es su tendencia natural. Por tanto, hablarle de un Dios «débil», un Dios que se sacrifica por él, un Dios que crea el mundo por amor es más bien una tontería. Él no podría entenderlo, pensaría que tal Dios es flojo y, por tanto, chocaría frontalmente con la idea que tiene de Dios. A semejante persona habría que hablarle de un dios fuerte, un dios que lucha y vence, un dios que ordena el caos, los elementos y crea el mundo a su antojo como un acto de arrogancia y de poder. Un dios, en definitiva, que se pareciera a él.

Los fundadores de religiones, o seres más avanzados que el resto y que eran iniciados, tenían que idear la forma de explicar la Creación a los demás de manera que entendiesen, a su manera, cómo había venido el Universo y la Vida a la existencia. Muchas de aquellas historias fueron explicadas en forma de mitos, que no por grotescos y horrorosos a nuestros ojos han dejado de representar simbólicamente lo que hoy se explica de una forma más racional y coherente por todas las escuelas esotéricas, aunque también dicha explicación es locura para algunos hombres de ciencia.

Una de esas formas de explicar la Creación a nuestros antepasados (quizá la más popular) es la narración del Génesis, atribuida al profeta Moisés, aunque muchos historiadores modernos creen que hay varias narraciones en el Génesis que, anteriormente independientes, se unieron más tarde en una. Sólo así —dicen ellos— se explicaría las distintas formas de llamar al Creador: una veces Dios y otras Jehová Dios. Max Heindel, sin embargo, sostiene que cuando el narrador bíblico habla de Jehová se refiere a un Elohim, el Guía de los Ángeles, que fueron la Humanidad del Periodo Lunar, cuyo trabajo está relacionado con lo que se describe en esta parte de la Biblia. Por tanto, a diferencia de los historiadores, Dios, o más concretamente Elohim (palabra que se traduce por algo así como Él Los Dioses) es una Divinidad, y Jehová Dios otra distinta.

Sea Moisés o no el narrador bíblico, lo que sí está claro a los ojos de la investigación espiritual clarividente es que se trataba de una persona iniciada que no escribió por escribir, sino que tuvo mucho cuidado en transmitir a su tiempo y a la posteridad un relato que hablase a todos los corazones y a todos los niveles evolutivos del alma. El vidente del Génesis (o Moisés) habló, como hablan todos los iniciados: desde la condición de testigo de lo que está escrito en la «Memoria de la Naturaleza», más conocida como los «Archivos Akáshicos», donde se registra toda la memoria cósmica. O sea, cualquier cosa que ocurra en cualquier lugar del Universo queda registrada en estos archivos, donde más tarde puede ser consultada por quien haya alcanzado la clarividencia.

Sin embargo, la explicación de la Creación que se da en el Génesis no hay que interpretarla literalmente, como algunos quieren hacernos creer. De hecho, la palabra «día» no puede referirse al día de 24 horas que nosotros conocemos, pues según el mismo Génesis nos cuenta, el día tal como nosotros lo interpretamos no apareció hasta el 4º día de la creación, que es cuando aparecen las dos luminarias: Sol y Luna. Y tampoco hemos de hacer caso a aquellos que dicen que el narrador o narradores bíblicos se contradecían debido a la poca preparación intelectual que tenían. Si miramos con respeto, y sin la sorna de los que creen saberlo todo, al vidente del *Génesis,* nos damos cuenta enseguida de que quiso transmitir otra cosa. La interpretación correcta nos la ofrece el clarividente Rudolf Steiner cuando equipara «día» a una entidad jerárquica que obraba en ese periodo, o durante ese tiempo:

«Un Eón es un ente de sustancialidad viviente, y lo propio vale para lo que se significa con la palabra hebrea «yom»[1] : no se trata de una mera determinación abstracta de tiempo, sino de una entidad sustancial, y toda referencia a siete de esos «yamin»[2] que se suceden, alude a 7 inteligencias o, podríamos decir, conjuntos de entidades en relevo progresivo. Una correspondencia como esta, se halla implícita también en otra pareja de palabras afines: el parentesco entre «Deus y dies», Dios y día, en lenguas arias».

Rudolf Steiner: Génesis

La explicación de la Creación que nos ofrece el vidente del Génesis, se aleja mucho de la interpretación literal; y mucho más si la aplicamos a nuestros días. Si, como acabamos de ver, lo que quiso decir el narrador bíblico con la palabra «día» no se parece, ni por asomo, a lo que hoy entendemos por dicha palabra, obviamente todo lo demás merece una revisión desde el punto de vista de la investigación espiritual.

La explicación de la Creación que los investigadores espirituales nos han transmitido es como sigue:

El creador de nuestro Sistema Solar habita el Séptimo Plano Cósmico. Más allá están los restantes Planos Cósmicos hasta llegar al primero, que es donde habita el Ser Supremo. Por lo tanto, entre nuestro Creador y el Ser Supremo hay una diferencia en grados de conocimiento. La misma, por poner un ejemplo, que existe entre nosotros y nuestro Creador.

Cuando el Ser Supremo despierta, toda la vida que habita en su seno asiste al gran Periodo de Manifestación; y cuando se duerme, a la Gran Noche Cósmica. Este Ser Supremo no tiene principio ni tendrá fin, es el que crea y organiza los distintos Sistemas

---

[1] Día
[2] Días

Solares, entre los cuales se encuentra el nuestro, que es donde actúa nuestro Dios: el Séptimo Plano Cósmico. Por encima de este Plano se encuentran, como hemos dicho, otros seis, cuyo conocimiento es infinitamente superior al nuestro.

Dentro ya de nuestro Plano, es cuando podemos hablar de la Creación. Cuando Dios se dispuso a iniciar su Creación, ideó un Plan y buscó un espacio. El espacio lo encontró en el Zodiaco, en el cual habitaban seres que son conocidos con el mismo nombre que el de los Signos del Zodiaco: Aries, Tauro, Géminis, etc. Estos seres ya habían estado en un anterior Periodo de Manifestación del Ser Supremo, por lo cual ya habían adquirido poderes creadores. Ellos prestaron su esencia a Dios para que realizara su obra. Y Dios está realizando su obra dentro de 7 Mundos y a través de 7 Periodos Cósmicos. Estos Periodos son como reencarnaciones de nuestra tierra actual. Los nombres por los que se conocen Periodos y Mundos son diferentes según los distintos investigadores. Citaremos la terminología que emplea Max Heindel.

MUNDOS

1º) Mundo de Dios
2º) Mundo de los Espíritus Virginales
3º) Mundo del Espíritu Divino
4º) Mundo del Espíritu de Vida
5º) Mundo del Pensamiento
6º) Mundo del Deseo
7º) Mundo Físico

PERIODOS CÓSMICOS

1º) Periodo de Saturno
2º) Periodo Solar
3º) Periodo Lunar
4º) Periodo Terrestre
5º) Periodo de Júpiter
6º) Periodo de Venus
7º) Periodo de Vulcano

De una manera breve[3] resumiremos cómo el hombre apareció en el Periodo de Saturno hasta llegar al
Periodo Terrestre, que es donde nos encontramos actualmente.

Por delante de nosotros están el Periodo de Júpiter, Venus y Vulcano.

Hay que aclarar que estos nombres no tienen nada que ver con los planetas que conocemos y que forman parte de nuestro Sistema Solar

Nuestra evolución se inició en el Periodo de Saturno. Los Espíritus Virginales (o sea, nosotros) que debían desarrollar conciencia fueron puestos en ese Globo, o mejor dicho: todo el Globo estaba compuesto de Espíritus Virginales. Fuera del Globo, en su atmósfera, por decirlo de algún modo, estaban las Jerarquías Creadoras. De entre éstas las conocidas con el nombre de «Señores de la Llama» o «Señores de

____

[3] Un estudio detallado se puede encontrar en distintas obras. Para los que no hayan oído hablar nunca del tema, resultan especialmente didácticos los siguientes libros: *Concepto Rosacruz del Cosmos*, de Max Heindel. *Los Misterios de la obra Divina,* de: Kabaleb. *La Ciencia Oculta, de*: Rudolf Steiner. Y *La Doctrina Secreta*, de H.P. Blavastki.

la Voluntad» (Tronos en la religión católica) implantaron en la vida evolucionante el germen del cuerpo físico. Nuestro estado de conciencia era semejante al del mineral actual (trance profundo).

La materia más densa de este Globo estaba formada por materia del Mundo del Pensamiento.

Nosotros, en nuestra actual condición, no podríamos penetrar en ese Globo para ver lo que allí ocurría; pero suponiendo que lo hiciésemos, nuestra sensación habría sido de oscuridad y calor. Cuando nos aproximamos a algún fuego y a algo que desprende calor sentimos una sensación interna. Esta sensación es la que más se asemeja a lo que era el Periodo de Saturno.

Al terminar el Periodo de Saturno el Globo se desintegró, y la vida evolucionante, después de un tiempo de reposo, semejante al que va de la noche a la mañana en nuestro actual estado de conciencia, o también al que va de la muerte hasta el nuevo nacimiento, apareció en un Nuevo Globo denominado Periodo Solar.

Cada Periodo consta de 7 Globos o y cada Globo de siete Revoluciones o Ciclos. De tal forma que al agotar la 7ª Revolución del 7º Globo se inicia un tiempo de reposo como el que acabamos de describir. Después toda la vida evolucionante aparece en el primer Globo y primera Revolución del siguiente Periodo Cósmico.

Una vez terminado el Periodo de Saturno, como hemos dicho, la Humanidad apareció entonces en el Periodo Solar. Aquí los «Señores de la Sabiduría (Dominaciones en la terminología católica) implantaron, al cuerpo físico, el cuerpo vital; y el cuerpo físico se perfeccionó un poquito más.

Los 7 Globos del Periodo Solar eran como «Esferas Luminosas», de gran brillo y de consistencia análoga a la de los gases. Las Jerarquías Creadoras también actuaban desde su atmósfera. Se alcanzó un estado de conciencia semejante a la de «sueño sin ensueños», conciencia parecida a la de los vegetales actuales. Hablamos, por supuesto de la oleada de vida humana, ya que con nosotros evolucionan otras oleadas de vida cuyo estado de conciencia difiere de la nuestra.

Cuando terminó el Periodo Solar, después del correspondiente estado de reposo, apareció el Periodo Lunar. El hombre era entonces un ser constituido por un cuerpo físico y un cuerpo etérico. El cuerpo físico le había sido implantado en el Periodo de Saturno y había recibido un perfeccionamiento en el Periodo Solar. El cuerpo etérico lo fue en el Periodo Solar y recibiría su primer toque de perfección en el Periodo Lunar (el físico recibiría el segundo). Pero lo importante de este Periodo es que los «Señores de la Individualidad» o «Señores del Movimiento» (Virtudes en la religión católica) ayudaron al antepasado del hombre actual a construir su cuerpo de deseos y a incorporarlo en sus vehículos físico y etérico que ya poseía.

El estado de conciencia del hombre durante el Periodo lunar llegó a ser semejante a la de «sueño con ensueños». La característica principal de esta época era la «Humedad».

El cuerpo astral (o de deseos) es la parte de nosotros que abandona el cuerpo físico y etérico durante el sueño y tiene experiencias extracorporales. También este cuerpo nos dota de deseos y sentimientos que no serían posibles si solamente tuviésemos un cuerpo físico y un cuerpo etérico.

Al terminar este Periodo hubo un nuevo estado de reposo en el que la vida evolucionante pasó a una especie de noche y, entonces, se inició nuestro actual Periodo Terrestre.

Al comenzar esta nueva fase evolutiva, el ser humano tenía un cuerpo físico, un cuerpo etérico y un cuerpo astral; pero la forma que presentaba era semejante a una nube de vapor.

Este antepasado del hombre actual inicia su andadura en el Periodo Terrestre a través de diversas recapitulaciones de los Periodos anteriores hasta el Ciclo en que comienzan los trabajos propios de este Periodo. Los nombres por los que son conocidos estos Ciclos son: Ciclo Polar, Ciclo de la Hiperbórea, Ciclo de Lemuria, Ciclo Atlante y Ciclo Ario o Post-Atlante, en el que aún nos encontramos. Por delante de nosotros todavía hay que contar con otros dos más.

En el Ciclo Polar el hombre recapituló los trabajos o estado de conciencia alcanzado en el Periodo de Saturno. El cuerpo físico llegó a su cuarto grado de perfección.

En el Ciclo de la Hiperbórea le tocó recapitular lo alcanzado en el Periodo Solar, y se agregó el cuerpo vital o etérico, el cual alcanzó su tercer grado de perfección.

En el Ciclo de la Lemuria recapituló el Periodo Lunar, y se agregó el cuerpo de deseos, cuya perfección alcanzó el tercer grado. Aquí fue donde ocurrió lo que el Génesis denomina «la caída terrenal», a lo que dedicaremos el siguiente capítulo.

En el Ciclo Atlante el hombre recibió un nuevo cuerpo: el cuerpo mental. Este cuerpo le fue implantado para que, a través de él, su Espíritu se hiciese poco a poco con el dominio de sus vehículos inferiores. Pero al principio era muy débil y estaba poco organizado, por lo que se alió con el cuerpo de deseos, obteniendo como resultado la astucia, causa de todas las calamidades que ocurrieron durante la última parte de este Ciclo. Esta serie de catástrofes provocadas por los atlantes acabó en el Diluvio Universal, acontecimiento que nos relata la Biblia.

2. La expulsión del Jardín del Edén. *Gustavo Doré*

LA CAÍDA

«El alma vivía en el cielo de las ideas antes de encarnarse en un cuerpo y descender a este mundo, donde es presa de la contradicción entre experiencia sensible y experiencia inteligible».

Platón

«Pero la serpiente, la más astuta de cuantas bestias del campo hiciera Jehová Dios, dijo a la mujer: ¿Conque os ha mandado Dios que no comáis de los árboles todos del paraíso? Y respondió la mujer a la serpiente: Del fruto de los árboles del paraíso comemos, pero del fruto del que está en medio del paraíso nos ha dicho Dios: No comáis de él, ni lo toquéis siquiera, no vayáis a morir. Y dijo la serpiente a la mujer: No, no moriréis; es que sabe Dios que el día que de él comáis se os abrirán los ojos y seréis como Dios, conocedores del bien y del mal.

Vio, pues, la mujer que el árbol era bueno para comerse, hermoso a la vista y deseable para alcanzar por él la sabiduría, y tomó de su fruto y comió, y dio también de él a su marido, que también con ella comió. Abriéronse los ojos de ambos, y viendo que estaban desnudos, cosieron unas hojas de higuera y se hicieron unos cinturones. Oyeron a Jehová Dios, que se paseaba por el jardín al fresco del día, y se escondieron de Jehová Dios el hombre y su mujer, en medio de la arboleda del jardín. Pero llamó Jehová Dios al hombre diciendo: ¿Dónde estás? Y éste contestó: Te he oído en el jardín, y temeroso porque estaba desnudo me escondí. ¿Y quién, le dijo, te ha hecho saber que estabas desnudo? ¿Es que has comido del árbol que te prohibí comer? Y dijo el hombre: La mujer que me diste por compañera me dio de él y comí. Dijo, pues, Jehová Dios a la mujer: ¿Por qué has hecho esto? Y contestó la mujer: La serpiente me engañó y comí. Dijo luego Jehová Dios a la serpiente:

Por haber hecho esto, Maldita serás entre todos los ganados y entre todas las bestias del campo. Te arrastrarás sobre tu pecho y comerás el polvo todo el tiempo de tu vida.

Pongo perpetua enemistad entre ti y la mujer, y entre tu linaje y el suyo; éste te aplastará la cabeza, y tú le acecharás el calcañal.

A la mujer le dijo:

Multiplicaré los trabajos de tus preñeces. Parirás con dolor los hijos y buscarás a tu marido, que te dominará.

Al hombre le dijo: Por haber escuchado a tu mujer, comiendo del árbol que te prohibí comer, diciéndote no comerás de él: Por ti será maldita la tierra; con trabajo comerás de ella todo el tiempo de tu vida; te dará espinas y abrojos y comerás de las hierbas del campo. Con el sudor de tu rostro comerás el pan hasta que vuelvas a la tierra, pues de ella has sido tomado; ya que polvo eres y al polvo volverás.

El hombre llamó Eva a su mujer, por ser la madre de todos los vivientes. Hízoles Jehová Dios al hombre y a su mujer túnicas de pieles, y los vistió.

Díjose Jehová Dios: He ahí al hombre hecho como uno de nosotros, conocedor del bien y del mal; que no vaya ahora a tender su mano al árbol de la vida, y comiendo de él, viva para siempre. Y le arrojó Jehová Dios del jardín del Edén, a labrar la tierra de que había sido tomado. Expulso al hombre y puso delante del jardín del Edén un querubín, que blandía una flameante espada para guardar el camino del «árbol de la vida».

Génesis 3

Así es cómo aparece en el Génesis «la caída». La interpretación tradicional, tanto en el judaísmo como en el cristianismo, afirma que el pecado original cometido por nuestros primeros padres fue el de la desobediencia, hecho que produjo la expulsión del Edén y la entrada en el mundo de la enfermedad, el dolor y la muerte.

El cristianismo exotérico, por su parte, sostiene que esta pérdida del Paraíso Terrenal sólo será recuperada por los que acepten a Cristo y sean bautizados en su nombre. Pues Cristo ha redimido al hombre de este pecado original mediante su sacrificio en el Gólgota.

La interpretación esotérica espiritual, aun admitiendo lo anterior, aporta los pormenores de esta caída y la redención crística. No la toma al pie de la letra, sino que entiende que, la narración bíblica, al igual que ocurre con el tema de la Creación, esconde un trasfondo que se deja ver a la luz de los conocimientos ocultos.

Según coinciden los que pueden leer en la Memoria de la Naturaleza, Adán y Eva no fueron dos personas, sino el nombre alegórico de toda la Humanidad en su conjunto (masculina y femenina) que habitaba la tierra en ese momento determinado. Kabaleb va más lejos, sostiene que las letras ADN, que forman el nombre de Adán significan en realidad el «Genero Humano»[4]. Eva es la parte del ser humano encargada de transmitir la vida. Por tanto, Adán y Eva no son dos nombres que pertenezcan a dos personas, sino el nombre genérico dado a la Humanidad en su conjunto por el vidente del Génesis.

Cuando se inició el Periodo Terrestre, la Humanidad comenzó su recorrido a través de distintas rondas donde realizó recapitulaciones de los Periodos anteriores (recapitulación del Periodo de Saturno, Solar y Lunar, en la 1ª, 2ª y 3ª rondas respectivamente). A partir de aquí entramos en la cuarta ronda e iniciamos los distintos Ciclos, denominados Ciclo Polar, Hiperbórea, Lemúrica y Atlante. En el Ciclo Post-atlante (en el cual nos encontramos) es cuando se iniciaron los trabajos del Periodo Terrestre. Es aquí, en este Ciclo, donde hemos alcanzado la autoconciencia.

---

[4] Kabaleb: *Los misterios de la obra Divina.*

Cuando la Humanidad atravesó la época de Lemuria fue cuando se produjo lo que se conoce como «La caída terrenal». Antes de eso, la conciencia del hombre no estaba enfocada en el mundo físico, sino que lo percibía, más o menos, como ahora hacemos con algunos sueños. El hombre en ese estado de conciencia era inconsciente de la propagación, el nacimiento y la muerte. Con la conciencia enfocada hacia adentro (exactamente al revés que ahora) las cosas físicas se percibían, por así decirlo, de forma espiritual, es decir, el mundo espiritual era más real que el mundo físico.

En ese punto de su desarrollo entraron en escena los «luciferes», seres pertenecientes a la oleada de vida angélica pero que se habían quedado rezagados.

En toda oleada de vida hay quien avanza más deprisa y quien se queda rezagado. Los rezagados de nuestra Humanidad actual son los antropoides.

Los luciferes, al haber quedado atrasados con respecto a los demás de su oleada de vida, se encontraban en una difícil situación. Por un lado, no podían funcionar en un cuerpo vital de la forma en que lo hacen los ángeles; por otro, tampoco podían obtener conocimiento que les permitiera avanzar en el camino evolutivo sin un órgano interno que se lo proporcionase. Se hallaban, entonces, entre el hombre, que sí tenía ese órgano: el cerebro, y los ángeles, que no necesitaban ningún órgano para obtener conocimiento. Desde esta delicada situación decidieron que utilizarían el cerebro del hombre para, a través de él, proseguir su trabajo evolutivo beneficiándose de las experiencias humanas a medida que el hombre las fuera obteniendo. En aquellos tiempos, la Humanidad, que aún no había perdido la visión del mundo espiritual, se dio cuenta de que los luciferes se alojaban en su columna vertebral (aunque, por supuesto, la columna vertebral y el cerebro humano no eran, ni por asomo, tal como son ahora, sino mucho más sutiles). Este hecho hizo que los luciferes recibieran el nombre de «serpientes», pues su forma alargada era lo más parecido a este animal. Una vez dentro de la columna vertebral y el cerebro humano, hablaron a la mujer (la humanidad femenina) a través de la imaginación.

La Biblia lo resume diciendo que la serpiente sedujo a Eva.

Si sedujo a la mujer fue porque ésta tenía las facultades imaginativas más desarrolladas que el hombre.

Los luciferes prometieron a la mujer y, por medio de ella, al hombre, es decir, a la Humanidad, que se abrirían sus ojos y serían como dioses, conocedores del Bien y del Mal. Pero esto se produciría comiendo del fruto del árbol prohibido, fruto que les aportaría el conocimiento para llegar a ser dioses.

La investigación espiritual interpreta que el fruto prohibido hace alusión al acto generacional. La Humanidad apenas era consciente de sus cuerpos físicos. Los espíritus luciferes hicieron que los percibieran «abriéndole los ojos», es decir, enfocando su conciencia al mundo físico. A partir de ahí conocieron la muerte y el dolor. Su conciencia se obscureció para el mundo espiritual y perdieron poco a poco el contacto con sus Creadores. Antes de eso, la perdida de sus cuerpos, esto es, la muerte del cuerpo físico no producía ningún dolor ni interrupción en sus conciencias, sino que el cambio de cuerpo se vivía como el cambio de la piel en algunos animales inferiores. A partir de la pérdida del Edén, el hombre dejó de oír la voz divina y cayó bajo el imperio del deseo. En el jardín del Edén (estado anterior a la «caída») el acto de generación se realizaba en determinadas épocas del año, cuando eran propicios los astros, para que fuese en armonía con las leyes cósmicas. Esto se llevaba a cabo por los Creadores y, al hacerlo correctamente, en su época adecuada, los hijos venían al mundo sin dolor.

Al caer el hombre bajo el imperio del deseo descubrió su capacidad generadora y el placer que va unido al acto sexual. Llevado únicamente por su deseo, y habiendo perdido todo contacto con la Divinidad, el hombre violó las normas cósmicas y ya no esperó a generar en ciertas épocas del año, sino cuando a él le apetecía, apareciendo como consecuencia el dolor.

Lo que se entiende por maldición bíblica sobre el género humano no es tal, sino la consecuencia lógica por haber violado las normas cósmicas. Jehová sabía que, como la atención del hombre estaba centrada a partir de ahora en su envoltorio físico, éste percibiría la muerte. Así mismo sabía que aún el hombre no estaba preparado para poner freno a sus pasiones y regular el acto sexual mediante las posiciones planetarias, por lo que el efecto de su ignorancia y su desenfreno sería necesariamente el dolor y la enfermedad.

Una vez que el hombre quedó sometido a la influencia luciferiana, Dios lo expulsa del Paraíso prohibiéndole comer del «Árbol de la Vida»:

«¡He aquí al hombre que ha llegado a ser como uno de nosotros por el conocimiento del bien y del mal! ¡No vaya ahora a tender su mano y tome del árbol de la vida, y comiendo de él viva para siempre» (Génesis 3:32).

En semejante circunstancia, conociendo la forma de crear cuerpos físicos mediante el acto generador y siendo imperfectos, pues todo lo que el hombre había llegado a ser desde el Periodo de Saturno había quedado sometido a la influencia luciferiana, no podía conocer el secreto de vitalizar perpetuamente su cuerpo, pues esto le habría permitido renovar constantemente su cuerpo vital, haciéndose inmortal; pero sin poder evolucionar y hacerse más perfecto, lo que solamente es posible mediante la obtención de nuevos y mejores vehículos (o cuerpos físicos) por parte del Yo Superior, y se consigue a través de sucesivas muertes y renacimientos.

Vemos así que la decisión de los Creadores de impedir el acceso al «Árbol de la Vida» a la Humanidad (infantil e imperfecta) era la única forma de evitar un mal peor. ¿Nos hemos preguntado que sería de la Humanidad si un salvaje consiguiera la inmortalidad en nuestros días? Las consecuencias para él y para los demás serían, sin duda, tremendamente desastrosas.

Hemos llegado a un nuevo estado del hombre. Anteriormente vivía feliz en el Paraíso. De haber seguido así no hubiera conquistado la individualidad ni la libertad. Su estado sería semejante al de los autómatas guiados por la omnisciencia Divina.

El hombre, mediante el conocimiento del bien y del mal, obtiene libremente el conocimiento que le permite avanzar hasta alcanzar el final del ciclo evolutivo y llegar a ser semejante a su Creador. Pero ese camino es doloroso debido a los luciferes, que necesitan obtener conocimiento por mediación nuestra, y para ello nos incitan a cometer actos desmesurados que aceleran nuestro progreso evolutivo, al hacernos avanzar, de forma considerada, en la comprensión de las cosas; pero esto lo conseguimos a través del dolor.

Gracias a ellos, no obstante, hemos conseguido la individualidad y somos realmente libres. Por este servicio que, por así decirlo, nos han prestado podrán reintegrarse algún día al orden Divino.

Hay, sin embargo, un peligro que acechó a la Humanidad desde la caída hasta el suceso del Gólgota. La caída supuso el descenso del hombre a la materia. El mundo de los sentidos fue cobrando fuerza y el mundo espiritual fue desapareciendo de la escena humana . El descenso se iba produciendo de una manera gradual hasta que el mundo espiritual desapareció por completo de la escena del hombre, solamente unos pocos avanzados se mantuvieron en contacto con dicho mundo. Si el descenso hubiera seguido produciéndose, el hombre habría perdido todo contacto con la Divinidad, se habría separado de sus semejantes, convirtiéndose en un ser completamente egoísta. La consecuencia hubiera sido la desesperación, el odio y la enfermedad. Habría quedado completamente rezagado y muy probablemente tendría que haber esperado hasta un próximo Periodo de Manifestación del Ser Supremo. Para contrarrestar esta influencia, apareció Cristo en la época adecuada, aquélla en la que el hombre había descendido al punto más bajo del mundo material.

SEGUNDA PARTE

ÉPOCA DE CRISTO

LA INMACULADA CONCEPCIÓN

De los cuatro Evangelios canónicos sólo 2 de ellos nos hablan del nacimiento de Jesús: el Evangelio de Mateo y el de Lucas. Los otros dos comienzan con el nacimiento de Cristo, esto es, con el Bautismo en el río Jordán, hecho que permitió que el Espíritu de Cristo penetrara en el cuerpo de Jesús. Acontecimiento al que volveremos más adelante.

¿Qué hay de realidad histórica en la narración del nacimiento de Jesús de Mateo y Lucas?

Según nos informan los historiadores, parece ser que hay muy poco, y que responde, más que nada, al deseo de llenar algunas lagunas de la vida del maestro que permanecían oscuras. La investigación oculta, sin embargo, nos enseña que los Evangelios narran unos hechos, a la vez históricos y míticos, que pertenecen a la experiencia del Alma en su desarrollo evolutivo.

Para un investigador que sólo ve en los Evangelios un texto apologético con algo de verdad histórica, éstos aparecen como escritos contradictorios, sin ninguna conexión entre sí más allá de la que ha servido de inspiración a los evangelistas para componer sus Evangelios, principalmente los sinópticos (Mateo, Marcos y Lucas), es decir, un texto común, al que llaman Documento «Q», texto que se ha perdido.

El investigador clarividente puede ver en ellos la historia futura del Alma humana, una historia que todo individuo debe vivir en un momento determinado de su desarrollo, y, entonces, los Evangelios no sólo no se contradicen, sino que cada uno aporta la vivencia del Alma que al otro le falta.

Los evangelistas son iniciados que no relatan sus experiencias sólo por lo que vieron con sus ojos físicos, sino también por lo alcanzaron a visualizar con los ojos espirituales.

El nacimiento de Jesús aparece así rodeado de leyenda y simbolismo mitológico que recuerda el nacimiento de los grandes dioses y profetas de la antigüedad: Osiris, Buda, Moisés... Si seguimos el hilo del Jesús histórico, podremos ir arrojando algo de luz y dejando al descubierto el significado de una Misión que aún nos queda mucho por entender.

La Inmaculada Concepción es un acontecimiento iniciático que va más allá de lo puramente físico. Solamente los que desconocían los misterios reservados a los iniciados, lo pudieron interpretar como un hecho ocurrido únicamente en el mundo físico.

Pero entonces ¿qué es esto de la Inmaculada Concepción?, ¿por qué la han introducido los evangelistas?

La virginidad es una cualidad del alma, que se manifiesta en el mundo físico después de una larga carrera en el sendero hacia lo espiritual. En este sentido, el ser que va a reencarnar en un cuerpo físico lo hace a través de unos padres que también han recorrido este camino. Por eso Jesús nace de una virgen. Se trata de unos padres vírgenes de alma, que han superado la etapa de los deseos y, por tanto, no necesitan los deseos y pasiones como el resto de los hombres, sino que realizan el acto de procreación únicamente con la intención de traer un alma al mundo, como un sacrificio, ya que para los seres elevados el acto sexual supone un sacrificio. Esta forma de procrear sigue dejando virgen a los progenitores, pues no intervienen los deseos ni las pasiones humanas. Esto es algo difícil de aceptar en nuestros tiempos; pero recordemos que estamos hablando de seres mucho más elevados que el resto de los mortales.

También este hecho se repite en el macrocosmos todos los años la noche del 24 al 25 de Diciembre, cuando en los países del hemisferio norte se produce el nacimiento del Sol y su retorno hacia el punto vernal. Eso ocurre exactamente cuando está naciendo el signo de Virgo (la Virgen celestial) en el horizonte oriental, a medianoche del 24 de Diciembre. Se puede decir entonces que el Sol nace de una virgen, salvando así materialmente a la Humanidad del hambre, la destrucción y la muerte que le sobrevendría de no producirse este acontecimiento.

Como acontecimiento iniciático supone el futuro de la humanidad que acoge al Cristo en su interior.

En nuestra vida cotidiana realizamos actos que son el reflejo de nuestra personalidad. Algunas veces son mejores y otras, peores. Lo que hacemos va de acuerdo a nuestro estado interior alcanzado, nuestro estado de conciencia. Para que el nacimiento místico se produzca en nuestro interior tenemos que prepararle el terreno. Esto lo conseguimos trabajando para mejorar todo nuestro ser, dejando que nuestro cuerpo sea «el templo de Dios». Todos los maestros coinciden en afirmar que es a base de servicio al prójimo, desinteresado y altruista, purificando nuestro cuerpo físico, de deseos y mental; en definitiva, acogiéndonos al Impulso crístico, como crearemos las condiciones: un terreno «virgen» en el que podrá nacer el Cristo en nuestro interior.

Purificar nuestros vehículos o cuerpos para llegar a ese estado requiere un gran esfuerzo que empieza por la alimentación y el cuidado del cuerpo físico.

Todo ser humano puede llegar a crear ese terreno «virgen» donde nacerá el Cristo interno. Se trata de proporcionar las condiciones para que en nuestro interior pueda habitar la Divinidad. Hay muchos métodos que nos pueden ayudar a purificar nuestros vehículos.

Cuando una persona llega a ese estado se produce la «Inmaculada Concepción». En la preparación hasta conseguirlo interviene la voluntad humana (utilizamos el libre albedrío y decidimos hacer el bien, acogernos a los valores crísticos), pero el saber cuando está preparada para la concepción corresponde a la Divinidad. Por tanto, la Concepción se realiza sin intervención de varón (la voluntad humana). No somos nosotros quienes decidimos cuando estamos preparados para tal acontecimiento, sino Dios.

La Inmaculada Concepción es, pues, un momento de nuestro camino evolutivo, un momento en el cual nuestros vehículos (físico, etérico, de deseos y mental) han recorrido un camino de purificación, preparando un «terreno virgen» dentro de nosotros para que pueda ser concebido el Cristo.

Este es el misterio de la Inmaculada Concepción, que acontecerá un día a toda persona cuando alcance el grado evolutivo correspondiente; un acontecimiento que nos cambiará por completo y hará que, a partir de aquí, nuestra vida se rija por otros valores más espirituales: los valores crísticos. Nuestra voluntad experimentará un cambio de timón y, aunque se trata del comienzo, pues todavía quedará un largo camino por recorrer, nuestra vida ya no volverá a ser la misma.

Para que la Inmaculada Concepción pueda ser un día una vivencia del Alma en un momento del desarrollo humano, tuvo que ser primero protagonizada en el mundo físico por las personas que estaban preparadas para ello: José y María.

José y María son seres de gran elevación, dos parejas con el mismo nombre, que eligieron dar vida al más evolucionado de nuestra Humanidad y al más puro, al que estaba libre de la influencia luciferiana, Jesús de Nazareh. Éste, una vez que se hubo fusionado en uno solo, decidió que, como parte de su misión en esta tierra, prestaría sus vehículos o cuerpos a Cristo. Como vemos, se trata de una misión importantísima, donde intervienen varias personas pertenecientes a nuestra oleada de vida (nuestra Humanidad) y el guía de los Arcángeles (Cristo).

3. La Natividad del Mesías. *Gustavo Doré.*

EL NACIMIENTO DE JESÚS

*«Jesús es un hombre, forma parte de la oleada de vida humana,
mientras que Cristo es una Divinidad».*

Kabaleb

Sobre el nacimiento de Jesús, hemos de tener en cuenta un gran misterio: lo que Rudolf Steiner llama el «misterio de los dos niños Jesús». Aunque a simple vista tal afirmación pueda parecer inverosímil, si profundizamos en esta cuestión, nos daremos cuenta de que encaja a la perfección dentro de la historia oculta de la preparación del cuerpo que habría de albergar al Cristo. La Misión más importante de la evolución no puede ser realizada de una forma sencilla. El impulso que se dio a la Humanidad con el advenimiento de Cristo tenía que realizarse de manera especial. Esto hizo necesario que se unieran todos los conocimientos e impulsos espirituales dados anteriormente a la Humanidad en el cuerpo del ser que iba a albergar a Cristo; pero además se necesitaba toda la inocencia que existía en los seres humanos antes de la caída.

Los dos niños Jesús son dos seres pertenecientes a nuestra oleada de vida, la oleada de vida humana, cuyo sacrificio, como veremos, consistió en prepararse para albergar al Espíritu de Cristo (hecho que tuvo lugar cuando fue bautizado por Juan el Bautista).

Entonces, y por primera vez en la historia, se juntaron un hombre y un Dios.

Si nos centramos en los acontecimientos de Palestina sobre el nacimiento del niño Jesús, enseguida aparecen dos versiones distintas: la de Lucas y la de Mateo. La tentación en la que se puede caer más fácilmente tras una primera lectura es en la de dar por buena aquella interpretación materialista que afirma que los evangelistas se contradicen: Lucas lleva al niño Jesús a Jerusalén para que sea circuncidado; en cambio, Mateo lo traslada a Egipto para huir de la cólera del rey Herodes... Pero si penetramos en el terreno oculto de la mano de los iniciados, observamos la historia real tal y como aparece en los Archivos Akhásicos, que no solamente dan la razón a Mateo y Lucas, sino que, ante la mirada escéptica de los propios exegetas materialistas, la historia es, además de espiritual y simbólica, cien por cien literal.

No solamente fueron reales, las historias que sobre el niño Jesús nos cuentan los evangelistas, sino que pertenecen, como hemos dicho, a dos niños Jesús que después se unieron en uno solo, preparando así el cuerpo que habría de utilizar el Cristo para su Misión en la tierra hasta su sacrificio en el Gólgota. Los dos nacieron, más o menos, por el mismo tiempo.

Lucas nos habla de un niño Jesús que nace en Belén después de un viaje de sus padres, José y María, desde Nazareth, pues Cesar Augusto había decretado que todo el mundo debía empadronarse, y ellos, al ser descendientes de la «Casa de David», tenían que hacerlo en Belén. Este niño Jesús nace, pues, en Belén, pero sus padres son de Nazareth.

El otro niño Jesús, el de Mateo, nace en la ciudad donde vivían sus padres: en Belén.

Podemos decir, por tanto, que, según la versión de las investigaciones clarividentes de Rudolf Steiner, los padres de un niño Jesús eran de Belén: el de Mateo, y los padres de otro niño Jesús eran de Nazareth: el de Lucas. Los dos eran descendientes de la casa de David. Pero David tuvo dos hijos: Salomón y Natán. Salomón era de casta real, y Natán de casta sacerdotal. Y aquí tenemos dos líneas de descendencia: la línea real y la línea sacerdotal. Los padres del Jesús de Lucas o natánico eran descendientes de la línea sacerdotal , y los padres del Jesús de Mateo o salomónico, de la línea real. El niño Jesús de Lucas nace unos seis meses antes que el de Mateo. Por eso las circunstancias que rodean el nacimiento son distintas. Uno (el de Mateo) huye a Egipto para escapar de la «matanza de los inocentes» decretada por el rey Herodes. El otro (el de Lucas) es llevado al Templo para ser circuncidado.

Aquí se dan unas circunstancias que, como hemos dicho, a muchos parecerán inverosímiles y tacharán tales manifestaciones de fantasiosas, pero todo el que conozca un poco la obra de Rudolf Steiner sabe que es uno de los mejores investigadores clarividentes que nos ha legado el siglo XX. Por otro lado, si hoy en día es fácil encontrar muchas familias con los mismos nombres, en aquellos tiempos también lo era. Los historiadores están de acuerdo en que los nombres de José, María y Jesús eran harto frecuentes en Palestina a comienzos del siglo I de nuestra era. De hecho, no hace falta más que echar un vistazo a los Evangelios y comprobar que las 3 mujeres que estuvieron a los pies de Cristo en la cruz se llamaban María.

Pero ¿qué coincidencias se dieron exactamente entre las dos familias? Veamos.

El niño Jesús de Lucas nació de unos padres llamados José y María; la madre era muy joven. Eran de Nazareth y tuvieron el hijo en Belén después de un viaje para empadronarse. No tuvieron más hijos.

El niño Jesús de Mateo nació en Belén, la ciudad de sus padres, llamados también José y María, quienes huyeron a Egipto para salvarse de la «Matanza de los Inocentes» decretada por el rey Herodes. Después se establecieron en Nazareth, donde tuvieron otros hijos cuyos nombres se dan a conocer en los Evangelios, a saber: Simón, Judas, José, Jacobo y dos mujeres.

Las dos familias coincidieron en el pueblo de Nazareth, donde los dos niños Jesús se criaron y crecieron hasta la edad de doce años.

Al cumplir dicha edad, el niño Jesús de Lucas fue con sus padres a Jerusalén, conforme a la costumbre judía, para participar en la fiesta de la Pascua. Al volver a Nazareth, los padres, pensando que estaba en la caravana, anduvieron un día; le buscaron entre los parientes y conocidos y, al no hallarle, volvieron a Jerusalén, donde le encontraron en el templo, sentado en medio de los grandes maestros de Israel, que se pasmaban de su sabiduría.

¿Qué había ocurrido realmente? Sencillamente (nos dice Rudolf Steiner) que el Yo del Jesús de Mateo se había trasladado al cuerpo del Jesús de Lucas. De ahí el que los padres se quedasen pasmados al oír a su hijo hablar con tanta sabiduría.

Al poco tiempo, el niño Jesús de Mateo murió y también la madre del niño Jesús de Lucas. Antes de eso había muerto José, el padre del Jesús de Mateo.

4. Huida a Egipto. *Gustavo Doré.*

Ante esta circunstancia, María, la madre del Jesús de Mateo, fue acogida en casa de José, el padre del Jesús de Lucas. Así se formó una nueva familia cuyos protagonistas eran:

1º José, el padre del niño Jesús de Lucas.

2º María, la madre del niño Jesús de Mateo.

3º Jesús (unión del Yo del niño Jesús de Mateo, con toda su sabiduría y conocimiento, con los cuerpos físico, etérico y astral del niño Jesús de Lucas).

4º Los hijos de María (la madre del niño Jesús de Mateo) Jacobo, José, Judas, Simón y dos mujeres.

Algunos pintores del Renacimiento parecen haber captado la versión de Rudolf Steiner de que realmente existieron dos niños Jesús. En un cuadro de Rafael, ubicado en el Museo de Berlín, sobre la Madonna y el niño Jesús con San Juan, aparece un segundo niño Jesús con una cara que parece mostrar una sabiduría superior para la edad que tiene. Esta es exactamente la situación: el niño Jesús de Lucas era todo amor, pero carecía absolutamente de la sabiduría que se adquiere en este mundo mediante las encarnaciones sucesivas. En cambio, el niño Jesús de Mateo sí había adquirido la sabiduría propia del peregrinaje a través de la materia.

En otra pintura de Van Orley (1491-1542) aparecen dos pares de progenitores, Isabel (la madre de Juan el Bautista) y un tercer niño. Otro cuadro (bastante interesante) se ofrece en apoyo de la versión de Steiner. Se trata del fresco de Borgognone (1450-1523), que se encuentra en la Iglesia de San Ambrosio en Milán. En este cuadro se muestra a uno de los dos niños Jesús hablando con los sacerdotes, mientras que otro niño Jesús, al lado de su madre, esta triste por haber perdido su Yo. Esta situación es la que se produce exactamente cuando el Yo del niño Jesús de Mateo sale de su cuerpo para incorporarse al triple cuerpo del niño Jesús de Lucas.

Pero ¿por qué fue necesario que se encarnaran dos niños Jesús?, porque el acontecimiento más grande de la evolución de la Humanidad debía unir en una las dos corrientes espirituales en las que se habían dividido los humanos. Una corriente representaba el camino del corazón: el amor; y la otra, el camino de la cabeza: la razón. Ahora tenían que unirse para emprender un nuevo impulso que salvase a los hombres del peligro de la influencia luciferiana y les ayudase a emprender el camino hacia el mundo espiritual. Para ello, la Divinidad misma, el Logos Solar, el Cristo debía encarnar en un cuerpo humano; pero este cuerpo no podía ser cualquiera, habría de reunir determinadas cualidades. De lo contrario, no podría cumplir la Misión que se había propuesto.

La individualidad que decidió ceder sus vehículos al Cristo hubo de prepararse durante muchas encarnaciones y, además, unirse a los vehículos de un Yo virgen y libre de la influencia luciferiana, un Yo que no había entrado nunca en la cadena de encarnaciones que se sucedieron después de la caída, había sido custodiado por Seres Espirituales para canalizarlo, a su tiempo, hacia un niño en la Palestina del siglo I. Este Yo es el de Jesús de Lucas. Un Yo que era todo amor pero que carecía de los conocimientos exteriores.

Así, pues, tenemos que la Misión de Cristo necesitaba, para encarnar en la Tierra, que un ser perteneciente a la oleada de vida humana hubiese evolucionado lo suficiente a través de sucesivas encarnaciones; es decir, un ser que fuese el más evolucionado de los humanos, el iniciado más avanzado del Periodo Terrestre, y otro ser que hubiera estado preservado de la influencia del mal, que fuese puro y lleno de amor. Estos dos seres los encontramos en los dos niños Jesús: el primero es el de Mateo, y el segundo, el de Lucas. Estos dos niños Jesús traían en memoria espiritual todo lo que hasta ahora se había dado a los hombres en forma de religiones, es decir, todas las religiones anteriores, sus enseñanzas, confluyen en lo que se vivió en Palestina a través de Cristo. Dicho de otro modo: las enseñanzas religiosas o corrientes espirituales anteriores preparaban a la Humanidad para la gran enseñanza que nos aportaría el Cristo en unión a los vehículos de Jesús, que contenían la quintaesencia de la enseñanza espiritual de la evolución humana hasta esa fecha.

Una de esas corrientes espirituales que surgió entre los humanos, fue la que aportó el Buda cinco o seis siglos a. de C.; y la otra, la de Zoroastro; no el de la historia reciente, sino la individualidad que los griegos sitúan unos cinco mil años antes de la guerra de Troya.

El Buda desarrolló la doctrina de la «piedad y el amor» y, desde el mismo momento en que recibió la iluminación, pasando de Bodisatva a Buda, bajo el Árbol Bodi, los hombres poseen la capacidad de desarrollar por sí mismos la misma doctrina.

Los grandes iniciados cultivan y sacan a la luz con su vida y su ejemplo lo que más tarde ha de vivir y desarrollar la Humanidad en general.

El Buda no volvió a encarnar sobre la tierra, pero transmitió al cuerpo astral del Jesús de Lucas su luz y su fuerza mediante la imagen de uno de sus cuerpos, el Nirmanakaya[5]; es decir, todo lo que El Buda enseñó a la Humanidad fue traspasado al niño Jesús de Lucas en aquella grandiosa imagen que nos transmite el Evangelio:

«Había en la región unos pastores que pernoctaban al raso, y de noche se turnaban velando sobre su rebaño. Se les presentó un Ángel del Señor, y la gloria del Señor los envolvía con su luz, quedando ellos sobrecogidos de gran temor. Díjoles el Ángel: No temáis, os traigo una buena nueva, una gran alegría, que es para todo pueblo; pues os ha nacido hoy un Salvador, que es el Mesías Señor, en la ciudad de David. Esto tendréis por señal: encontraréis un niño envuelto en pañales y reclinado en un pesebre. Al instante se juntó con el Ángel una multitud del ejército celestial, que alababa a Dios diciendo: Gloria a Dios en las alturas y paz en la tierra a los hombres de buena voluntad».

Lucas 2: 8-12

---

[5] Significa literalmente « cuerpo transformado». Es un estado o condición. La forma es la del adepto o yogui, que elige entrar en ese estado «post mortem» con preferencia al estado de «Dharmakâya» o estado nirvánico absoluto, lo que no le permitiría ayudar a la Humanidad alejándole para siempre del mundo de la forma. Como Nirmanakâyâ, no obstante, el hombre deja detrás de él sólo su cuerpo físico y conserva todos los demás principios, excepto el de su naturaleza inferior porque lo ha extirpado para siempre de su ser, durante la vida, sin que pueda jamás resurgir en su estado post mortem. De esta manera, en vez de entrar en una bienaventuranza egoísta, elige una vida de sacrificio, una existencia donde pueda ayudar a la Humanidad de un modo invisible, pero eficaz. Tomado de forma errónea, muy a menudo, por un Espíritu, un Deva, o por Dios mismo... un Nirmanakâyâ es siempre un Ángel protector, compasivo, un verdadero Ángel guardián para aquel que merece su ayuda (H.P. Blavatsky: *Glosario Teosófico*).

51

Este ejército celestial aparece en los Archivos Akáshicos como uno de los cuerpos del Buda glorificado, o sea, el Nirmanakâyâ.

Desde ese mismo momento, la corriente espiritual del budismo quedó unida al cristianismo irradiando hacia el cuerpo astral del niño Jesús de Lucas toda su doctrina, a saber: la doctrina de la «piedad y del amor».

Zaratustra o Zoroastro fue el fundador de la religión de los Magos, también conocida como Mazdeísmo y Zoroastrismo. En cierto modo es un nombre genérico para los grandes legisladores. El primer Zoroastro (individualidad a la que nos referimos) nació unos cinco mil años antes de la guerra de Troya. Aportó a su tiempo el grandioso mensaje del Espíritu Solar. Decía que más allá del Sol visible se esconde el Espíritu invisible de Aura Mazdao, «La Gran Aura». Que el Sol que vemos sólo es su vestimenta, lo mismo que el cuerpo físico humano. Detrás de este cuerpo físico se halla su verdadero Yo. Zoroastro informó a sus seguidores que tras el Sol exterior está el Gran Espíritu que mueve al propio Sol y al Sistema Planetario y que si uno entra en un estado interno de calma y quietud, si logra hacer el silencio interior, entonces resuena en sus oídos internos la voz de Aura Mazdao, el Verbo Solar. Este Aura Mazdao u Ormuz (el Espíritu Solar) es el Ser que más tarde fue identificado con Cristo. Zoroastro dijo que se aproximaba a la tierra y que tomaría un cuerpo humano.

Esta corriente espiritual fue dada a la Humanidad después del Periodo Atlante para contrarrestar la influencia de los espíritus luciferes.

5. Jesús entre los doctores. *Gustavo Doré*

Después de «la caída» el hombre fue perdiendo poco a poco su visión espiritual y despertando al mundo físico. Pero el mundo de los sentidos externos todavía no era muy real para él, pues conservaba todavía su visión del mundo espiritual y recordaba que aquél era el mundo real y no el mundo sensible al que iba despertando cada vez más en detrimento del «reino» que conocía como verdadero: el Espiritual.

Ante estos hechos, que nuestros antepasados (O sea, nuestros Egos en otros cuerpos) no podían evitar debido a la influencia luciferiana, los más avanzados fueron escogidos para fundar religiones cuyo objetivo era mantener el equilibrio y recordarnos que este paso, necesario para la Humanidad, a través de la materia, aunque obligatorio, era pasajero. Pero no tendríamos que olvidar nuestro origen espiritual ni tampoco el «reino de los cielos», adonde volveríamos una vez hayamos atravesado el punto de inflexión entre el mundo material y el mundo espiritual, donde Cristo mismo, el Espíritu Solar, así decían los iniciados, descendería para darnos el impulso necesario que nos permitiría reemprender el camino de vuelta. Un camino, sin embargo, en el que iremos con algo nuevo y valioso, fruto de nuestro descenso a la materia: la conciencia del Yo y de ser libres y obrar bien por haber conocido también el mal; es decir, no como seres inocentes que no conocen lo que es el mal, sino después de habernos zambullido de lleno en su ciénaga y haber aprendido sus duras lecciones.

Zoroastro fue el espíritu que encarnó en el niño Jesús de Mateo y que, cuando el niño Jesús de Lucas cumplió los doce años de edad, se unió a sus cuerpos físico, etérico y astral hasta los treinta años, impregnándolos, por así decirlo, de todo el conocimiento adquirido en sus vidas anteriores. Vivió en el cuerpo de Jesús de Nazareth hasta los treinta años de edad, cuando cedió sus vehículos al Cristo. Acontecimiento único y el más grandioso del Periodo Terrestre, que se describe en el Nuevo Testamento como el Bautismo de Cristo por el precursor Juan el Bautista.

Los acontecimientos del nacimiento de Jesús y Cristo se sitúan en la Palestina del Siglo I porque antes no hubiera sido posible. Para que Cristo, el Espíritu Solar, descendiera a un cuerpo humano era necesario que este cuerpo pudiese soportar sus altas vibraciones. Esto sólo fue posible a comienzos del Siglo primero, que coincide con la Época Greco-Latina, donde el hombre llegó al punto de descenso a la materia en que era necesario darle el impulso que le hiciera reemprender el camino de vuelta hacia lo espiritual. Pero, además, era necesario que su Yo llegase a un punto de conciencia de sí mismo, conciencia que no se había alcanzado antes.

En esta época se dieron la mano y se fecundaron, como hemos dicho anteriormente, las dos grandes corrientes espirituales de la Humanidad: el budismo y el zoroastrismo. La religión budista enseñó a la Humanidad la doctrina de la piedad y del amor a través del sendero de ocho etapas, y la religión de Zoroastro dio a la Humanidad el conocimiento de que toda ciencia externa tenía su contrapartida interna o espiritual.

Las dos fueron, poco a poco, descendiendo al mundo de los sentidos. El budismo conservó su visión del mundo espiritual mediante el Yoga, y denominó al mundo material «maya» o «mundo ilusorio». El zoroastrismo y las religiones que le sucedieron, como la egipcia y la hebrea, se mantenían conectadas al más allá o mundo real mediante las escuelas de misterios, donde los iniciados podían ver y recordar lo que habían visto y oído en el mundo espiritual mediante técnicas que sólo conocían los Hierofantes de los Misterios. El niño Jesús de Lucas era, pues, puro; representa al hombre tal como había llegado a la tierra procedente de su evolución a través del Periodo de Saturno, Solar y Lunar, antes de la caída.

En el nacimiento del Jesús de Mateo hay espíritus humanos que ya estuvieron con Zoroastro en los tiempos de su antigua misión, cuando dio a la Humanidad el conocimiento de Aura Mazdao. Estos espíritus son los de los Reyes Magos, que habían reencarnado en Persia y que emprenden un viaje hasta Belén para conocer al que fuera su maestro, el cual sabían, por sus conocimientos de Astrología y por su clarividencia, que renacería en Judea. Eran de casta sacerdotal.

En aquellos tiempos prevalecía entre el pueblo la convicción de la influencia de los astros en la vida del hombre y de que el nacimiento de los grandes personajes eran anunciados por acontecimientos de orden sideral. Los Magos, que eran astrólogos y profesaban las mismas ideas que el pueblo y además eran clarividentes, vieron la «estrella» que les anunciaba que su maestro, la «estrella de oro» o «estrella de esplendor» (que es lo que significa Zoroastro) iba a renacer en un cuerpo humano en la ciudad de Belén.

Se ha especulado mucho sobre la estrella que vieron los Magos: Se ha dicho que podría haber sido un cometa, el nacimiento de una nueva estrella o también, en opinión de Kepler, la conjunción de Júpiter,

Marte y Saturno, en el año 747 de la fundación de
Roma, en el signo de Piscis. En realidad, sin descartar ninguna de las hipótesis anteriores, lo que parece más cierto, desde el punto de vista de los hechos
ocultos, es que se utilizara la palabra estrella para
designar a una importante individualidad humana.
Recordemos también aquellos versículos de Daniel
que dicen: «Los entendidos resplandecerán como el
resplandor del firmamento; pero los que enseñan la
justicia a la multitud, como las estrellas a perpetua
eternidad» (Daniel 12: 3). En los tiempos bíblicos la
palabra estrella siempre designaba a un alto personaje que descendía desde las alturas para encarnar
en la Tierra. Incluso hoy día denominamos como estrella a los que logran triunfar en el mundo en cualquier área humana. La estrella de Belén es, pues, un
gran Espíritu, una individualidad que ya conocían los
Reyes Magos, ya que había sido su maestro en la antigua Persia como Zoroastro. Esta estrella fue la que
guió a los Magos hasta la aldea donde él iba a renacer
como Jesús. Era una estrella que podían ver sólo los
que eran clarividentes, pues brillaba en el mundo espiritual y no en el físico, donde se distingue la luz de
quien está más o menos evolucionado. En el Mundo
Espiritual no hay engaños posibles respecto a quien
está más avanzado, pues su luz le delata o, en palabras de los iniciados, su «estrella».

EL CONCEPTO DE CRISTO

«Cristo es tan grande que cada época ha de encontrar su propia manera de comprenderlo».

Rudolf Steiner

Después de la llamada «caída terrenal», cuando el hombre quedó sometido a la influencia de los espíritus luciferes, se hizo necesario que una entidad no humana encarnase en la Tierra en un cuerpo físico para restablecer el equilibrio en el alma de los hombres.

Este Ser participó en la creación de nuestro Sistema Solar, y fue conocido en la antigüedad por diversos nombres. Se trata del jefe de los Espíritus Solares, el Aura Mazdao u Ormuz de Zoroastro, el Verbo o Logos de los griegos (término acuñado también por San Juan en el comienzo de su Evangelio). Todas las religiones de la antigüedad tenían su nombre particular con el que designaban a este Ser. Entre los judíos fue conocido por el «Yo Soy», nombre con el que contesta a Moisés la Divinidad que ardía en la zarza cuando éste le pregunta: «¿Quién diré a mi pueblo que me envía?».

Los profetas hebreos conocían bien quién era este Ser, al que llamaron más adelante el «Mesías» (ungido), que traducido al griego es el «Cristo», nombre por el que ha pasado a la posteridad, sobre todo entre las religiones de Occidente.

Los antiguos Yoguis en Oriente y los Iniciados en Occidente sabían que el Cristo tenía la Misión de descender hasta lo más bajo que el ser humano iba a descender. Muchos profetizaron que se acercaba a la Tierra para encarnar en un cuerpo físico en la medida en que la Humanidad adquiría la conciencia del Yo, para, desde allí, darle el impulso que necesitaba para reemprender el camino de vuelta a casa o su ascenso de nuevo al mundo espiritual. Pero, como hemos dicho, la Humanidad iba dando muchos tumbos y sólo en la época grecolatina, en el tiempo en que nos cuentan los Evangelios, a principios del Siglo primero, se dio la circunstancia que este Gran Ser esperaba: una persona que había evolucionado más que el resto de los humanos, que había adquirido la conciencia del Yo y que durante muchas vidas se había estado preparando para este gran acontecimiento. Se trata, como ya sabemos, de la individualidad de Zoroastro, quien renació como Jesús en Belén (el Jesús de Mateo) a principios de nuestra Era y estaba lo suficientemente maduro como para afrontar el gran honor y sacrificio de ceder sus vehículos al Cristo.

Todas las religiones que adoraban al Sol, distinguían entre el Sol físico y el Espíritu que hablaba tras él cuando el hombre hacía silencio. Sabían que las fuerzas solares hacían que el mundo material siguiese existiendo y alimentando a la Tierra; pero que detrás de este Sol físico se encontraba el Sol Espiritual, el Logos Solar, el Cristo, quien tenía a su cargo la evolución y el cuidado de los espíritus encarnados en la Tierra.

Entre los egipcios esta entidad se representaba en la figura de Osiris. Éste, según refiere una leyenda, fue asesinado por su hermano Set y setenta y dos conspiradores. El cuerpo de Osiris fue hecho añicos y lanzado a los cuatro vientos; pero Isis (su mujer) recogió los fragmentos y edificó un templo para cada uno de ellos. Después, nos cuenta otra leyenda, le resucitó en forma de Horus y en su compañía, atacó a Set hasta echarle del país.

Esta leyenda nos habla, sin ninguna duda, del drama humano y la forma prevista para vencer la influencia del mal y recibir el impulso crístico mediante la resurrección de nuestra parte espiritual, nuestro Yo.

Por un lado tenemos a Osiris, el Espíritu o Yo Divino que, para dar vida al mundo material, debe morir en él, es decir, el Verbo tiene que quedar sepultado (o en estado latente) en el cuerpo material confundiéndose con él. Es la etapa de nuestra peregrinación a través de la materia, donde prevalece el mundo de los sentidos. Esta etapa debe durar hasta que el verdadero Yo pueda de nuevo ser resucitado. Es la toma de conciencia de nuestra condición espiritual. Esto ocurrirá con un hijo de Osiris (hijo de Dios), Horus. Por tanto, la profecía de los iniciados egipcios venía a anunciar lo mismo que la de Zoroastro: «el Logos Solar, o un destello de Él, va a encarnar en la tierra para dar a la Humanidad el impulso que necesita para salvarla de la influencia del mal que anida en su alma y para revelarle su inmortalidad. O, lo que es lo mismo, resucitar a la verdadera esencia del ser humano, la cual se encuentra sepultada en las «tinieblas» de su cuerpo físico.

El Cristo se manifiesta en sus varios aspectos: cósmico, planetario, místico e histórico. Su misterio trasciende todos los misterios; el concepto de su nombre va más allá de cualquier concepto. Es tan sagrado y tiene significados tan profundos que no podríamos definirlo con las insignificantes y burdas palabras del lenguaje, No obstante, podemos acercarnos un poco a su santuario y percibir algo de forma nebulosa.

El Cristo Cósmico es el Espíritu del Sol que se esconde tras el Sol visible. Cuando la Humanidad hubo progresado lo suficiente y un ser humano: Jesús de Mateo (la reencarnación de Zaratustra), estaba suficientemente adelantado como para unirse a la triple corporeidad del Jesús de Lucas y después ceder sus vehículos al Cristo, entonces un rayo del Cristo cósmico vino a la tierra y encarnó en él. Éste es el Cristo histórico, quien después de su sacrificio en el Gólgota se introdujo en la Tierra y se convirtió en su Espíritu Interno. El Cristo místico es el que, a partir de entonces, puede nacer en el corazón de cada ser humano.

NACIMIENTO DE CRISTO

«Cristo es más que todos los profetas. Es una potestad cósmica, el mismo Verbo Solar, que toma cuerpo sólo una vez, para dar a la Humanidad su poderoso impulso. Este Dios no podía seguir, como los demás hombres, el cerco angosto de la evolución animal, que se reproduce en la gestación niño en el seno de la madre. Necesitaba para encarnar un cuerpo adulto, evolucionado hasta un grado de perfección y de pureza, digno del Arquetipo humano».

Edouard Schuré

El verdadero nacimiento de Cristo ocurrió cuando fue bautizado por Juan el Bautista. Ningún Evangelista omite este hecho, el cual consideran de vital importancia. En efecto, tenemos aquí el descenso del rayo Solar, del Cristo, sobre un cuerpo humano, el acontecimiento más importante del Periodo Terrestre.

A partir de entonces comienza Su Misión sobre la tierra, que se prolongará durante los tres años siguientes.

Resumamos el recorrido de Jesús hasta llegar al punto en que es bautizado por Juan el Bautista:

Para albergar al Espíritu de Cristo es necesario que un cuerpo reúna las condiciones necesarias para que, al ser penetrado por un ser tan elevado, no perezca desintegrado. Este cuerpo fue el resultado de la unión de dos seres, dos niños Jesús, que nacieron más o menos por la misma época. Uno fue el niño Jesús de la línea salomónica (el Jesús de Mateo) y otro el niño Jesús de la línea natánica (el niño Jesús de Lucas). El Yo del niño Jesús de Mateo es el Yo de Zoroastro, quien durante muchas encarnaciones se había estado preparando para este acontecimiento. Era el Espíritu más elevado del Periodo Terrestre, nuestro hermano mayor. El Yo del Jesús de Lucas era un Yo virgen, un Yo puro que no había encarnado nunca después de la cadena de encarnaciones que se habían sucedido desde la «caída». Este Yo había sido conservado en estado virgen y se había preservado de la influencia luciferiana. Todas las enseñanzas religiosas dadas a la Humanidad anteriormente se dan cita en estos dos Yoes, representadas por el conocimiento del Yo de Zoroastro y el Yo del niño Jesús de Lucas, que había recibido la influencia del Nirmanakaya del Buda en su cuerpo astral. El Yo de Zoroastro se traslada al cuerpo del Niño Jesús de Lucas con todo el conocimiento de sus vidas anteriores y el conocimiento adquirido en los doce años que vivió en el cuerpo del niño Jesús de Mateo. A partir de aquí vive hasta los treinta años de edad en el cuerpo del niño Jesús de Lucas, siendo ya una persona conocida como Jesús de Nazareth. A los treinta años se produce el gran sacrificio para el cual había estado preparándose durante tantas vidas: su Yo sale del cuerpo de Jesús de Nazareth para dar paso al Espíritu de Cristo; pero los cuerpos físico, etérico y astral que cede al Cristo están impregnados de su sabiduría y conocimiento.

El precursor, Juan el Bautista, era la reencarnación del profeta Elías, cuya misión era la de anunciar la llegada del Mesías. La vestimenta, la forma de ser

6. Bautismo de Cristo. *Gustavo Doré.*

y su predicación en el desierto de Judá recuerdan a las de este profeta del Antiguo Testamento. Cristo así lo afirma:

«Este es de quien está escrito: He aquí os envío mi mensajero delante de mi faz, que preparará tus caminos delante de ti.
En verdad os digo que entre los nacidos de mujer no ha aparecido uno más grande que Juan el Bautista. Pero el más pequeño en el reino de los cielos es mayor que él. Desde los días de Juan el Bautista hasta ahora es entrado por fuerza el reino de los cielos , y los violentos lo arrebatan. Porque todos los profetas y la Ley han profetizado hasta Juan. Y si queréis recibirlo, él es aquel Elías que había de venir. El que tiene oídos que oiga».

Mateo 11: 10-15

Aquí Cristo habla claramente de la reencarnación. ¿A qué otra cosa se puede referir si no cuando afirma que Juan el Bautista es el propio Elías, un profeta del Antiguo Testamento que hacía ya bastante tiempo que no estaba entre los humanos? Pero hay muchas otras referencias bíblicas a este tema. Por ejemplo, aquel pasaje en el que los apóstoles, refiriéndose a un ciego de nacimiento, le preguntan a Jesús-Cristo que si, para recibir la ceguera, pecó él o sus padres. A lo que el Maestro les responde que no pecó ni él ni sus padres, sino que nació ciego para que se manifieste la gloria de Dios. Como vemos, aquí se habla, de forma encubierta, de la reencarnación, pues si el ciego era de nacimiento, el pecado al que se refieren los apóstoles no pudo haberlo cometido en esta vida; pero sí en una anterior. Además, por la forma que tienen de mencionar el tema, se deduce que los apóstoles habían sido instruidos, quizá por el propio Cristo, en dicha doctrina.

Todas las similitudes que se han encontrado en los Manuscritos del Mar Muerto* entre los esenios y Juan el Bautista dan la razón a las conclusiones de los investigadores espirituales, que afirman que Juan el Bautista era un esenio o, al menos, había pasado la mayor parte de su vida estudiando y viviendo con ellos. Recordemos aquel pasaje de Lucas que, refiriéndose al Bautista, dice: «El niño crecía y se fortalecía en espíritu y habitó en los desiertos hasta el día de su manifestación a Israel» (Lucas 1:80). Se sabe que los esenios habitaron en el desierto. Por tanto, es muy posible que los padres fueran simpatizantes de este grupo religioso y le hubiesen confiado a su hijo para su educación durante una gran parte de su vida.

Juan llegó a ser un profeta muy querido y admirado por el pueblo, que le tenía por auténtico enviado de Dios. Sus seguidores se podían contar por miles en Israel. Tanto le quería el pueblo que pensaba que Herodes, después de matarle, fue castigado por Dios y sufrió varios males; entre ellos —nos cuenta Flavio Josefo— la aniquilación de todo su ejército en la batalla que sostuvo contra Aretas.

Desde el punto de vista oculto, Juan era el que traía el mensaje de la encarnación del Cristo y el que habría de señalar a sus seguidores en quién descendería, aunque no sabía cómo iba a producirse tal acontecimiento. Pero la Divinidad misma, el Padre, viene en su ayuda y le anuncia desde el mundo espiritual en quién encarna el Hijo de Dios. Él reconoce en Jesús de Nazareth a la persona en quien descendería el Cristo. El grado de iniciado y la visión espiritual alcanzada hacen posible que Juan oiga la voz del Padre y vea los cielos abiertos y al Espíritu de Dios descender como paloma. Los evangelistas describen este gran acontecimiento, en el cual un Dios se une a un mortal, de la siguiente manera:

«Vino Jesús de Galilea al Jordán y se presentó a Juan para ser bautizado por él. Juan se oponía, diciendo: Soy yo quien debe ser bautizado por ti, ¿y tú vienes a mí? Pero Jesús le respondió: Déjame hacer ahora, pues conviene que cumplamos toda justicia. Entonces Juan condescendió. Bautizado Jesús, salió luego del agua. Y he aquí que vio abrírsele los cielos y al Espíritu de Dios descender como paloma y venir sobre él, mientras una voz del cielo decía: Este es mi hijo muy amado, en quien tengo mis complacencias».·

Mateo 3:13-17

Las últimas palabras son traducidas en algunos Evangelios apócrifos por estas otras: «Tú eres mi hijo amado, hoy te he engendrado». No cabe duda de que estas son más correctas, pues indican lo que realmente ocurrió según los investigadores espirituales: un nacimiento; es decir, se estaba produciendo la encarnación más importante del Periodo Terrestre, aquella en la cual el Espíritu de Dios, el que estuvo en el principio y participó en la creación del hombre, se unía a un ser que se había preparado durante muchas encarnaciones anteriores, un ser que ya había dado a la Humanidad grandes conocimientos acerca del mundo espiritual mediante tremendos sacrificios y que ahora estaba dispuesto a otro mayor: ceder sus vehículos a Cristo para que Éste llevase a cabo su importante Misión sobre la Tierra. Este hombre extraordinario es el que al principio de nuestra era fue conocido como Jesús de Nazareth. A partir de aquel acontecimiento podemos llamarle Jesús-Cristo, pues realmente la fusión entre la naturaleza divina y humana responde en justicia a este nombre. No olvidemos que el Yo

Divino, Cristo, encarna en los vehículos humanos de Jesús de Nazareth. Por tanto, para diferenciar a la individualidad que estaba en Jesús antes de la incorporación de Cristo, hablaremos de Jesús de Nazareth, y cuando nos estemos refiriendo a la Entidad Divina, después de su encarnación en el cuerpo de Jesús, le llamaremos Cristo o Jesús-Cristo.

La Individualidad que, hasta ese momento trascendental que hemos denominado como el nacimiento de Cristo, vivió en el cuerpo de Jesús, al dejar sus vehículos a Cristo, partió a los mundos espirituales y, desde allí, sigue realizando su misión en favor de la Humanidad.

San Juan el Evangelista también nos revela quin fue aquel que nació tras el bautismo del Jordán. Comienza su Evangelio con aquellas sencillas pero profundas palabras que tantas páginas han llenado en busca de interpretación:

«En el principio era el Verbo» —dice—. Y si meditamos un poco sobre ellas, somos conducidos casi sin darnos cuenta a aquellas otras palabras del Génesis: «En el principio creo Dios los cielos y la Tierra».

Después sigue diciendo Juan:

«Y el Verbo era con Dios. Y el Verbo era Dios. Este era en el principio con Dios. Todas las cosas por Él fueron hechas…».

Aquí vemos quién fue el Ser que nació en Jesús de Nazareth. Nació el Dios que era en el principio, que participó en la creación del hombre, tenía a su cargo la evolución de la Humanidad y había permanecido en los mundos espirituales esperando que llegase el momento oportuno en el cual Él pudiese descender hasta el punto máximo en que había descendido el ser humano. Esto lo vemos claramente si contrastamos los dos escritos: el inicio del Evangelio de Juan y el inicio del Génesis.

Juan nos aclara que el Verbo estaba con Dios y que por Él fueron hechas todas las cosas.

El vidente del Génesis nos dice: «el Espíritu de Dios aleteaba sobre la superficie de las aguas». Y después dice: «Y dijo Dios: Hágase la Luz. Y la Luz fue hecha».

Y Juan dice al respecto:

«En Él estaba la vida, y la vida era la luz de los hombres».

Por lo que leemos en los escritos bíblicos y lo que nos cuentan los investigadores espirituales, podemos deducir que Aquél que encarna en Jesús de Nazareth participó en la Creación de nuestro Universo Solar, pues estaba allí en el principio. Se trata del Logos, el Verbo, el Cristo. Si nos referimos a Él en la terminología cristiana, diremos que es el Hijo, la segunda persona de la Trinidad, así como decimos que el verbo, la palabra, es el hijo del pensamiento.

Los cuatro evangelistas dan fe de que los hechos acaecidos en el río Jordán, referentes al bautismo de Jesús de Nazareth, nos hablan del nacimiento del Cristo en la Tierra. Mateo lo sitúa inmediatamente después de la vuelta de Jesús de Egipto, pasando por alto todos los años que van desde su infancia hasta la edad de treinta años; Marcos inicia con este acontecimiento su Evangelio; Lucas, que es el más extenso, lo intercala después del famoso episodio de la pérdida del niño Jesús a la edad de doce años; y Juan, después de su famoso prólogo referente al Verbo. Parece como si todos quisieran decirnos con ello que este episodio es el más importante en la narración sobre el suceso de Palestina. Todo empieza a partir de ese momento. Algo nuevo entra en Jesús y, para que esto haya sucedido, para que el Cristo entrara en Jesús de Nazareth, se necesitó una preparación como no la hubo nunca sobre la Tierra, una preparación y una Individualidad que culmina su misión justo en el momento del bautismo. A partir de ahora, Jesús-Cristo inicia su gran Misión sobre la Tierra. De la vida anterior, los evangelistas dan más importancia al nacimiento de los dos niños Jesús (el de Mateo y el de Lucas) y a la pérdida de Jesús en Jerusalén, hechos que, como sabemos, tienen un significado oculto importantísimo en el desarrollo del ser que habría de ceder su cuerpo al Cristo.

MISIÓN DE CRISTO

«La ley y los profetas eran hasta Juan; desde entonces el reino de Dios es anunciado».

Lucas: 16:16

Al narrar los acontecimientos que tuvieron lugar en la Época de Lemuria, dijimos que los rezagados de la oleada de vida angélica, los luciferes, protagonizaron lo que se conoce como «la caída terrenal». Este hecho provocó que el hombre perdiese poco a poco el Paraíso, es decir, dejara de tener enfocada su conciencia en el mundo espiritual para dirigirla al mundo físico o mundo de los sentidos. Dijimos también que, de no haber sido así, el hombre no hubiese podido conquistar la autoconciencia, se habría limitado a vivir en la unidad divina pero sin conquistar la individualidad ni, por tanto, la libertad. No obstante, alcanzar la libertad nos ha llevado mucho tiempo, el que va desde «la caída» hasta la época de Cristo.

Al mismo tiempo que el hombre iba perdiendo su contacto con el mundo espiritual se iba dando cuenta de que desaparecía de su vista el mundo «real» para adentrarse en el mundo «irreal» o físico. De ahí que algunas religiones como la budista predicaran que el mundo físico era el mundo de maya (Ilusión) y seguían manteniendo el contacto con el mundo divino a través del Yoga (unión con lo divino). En otras religiones era a través de la iniciación como se seguía manteniendo el contacto con el mundo que se perdía y que ellos sabían que era el real.

El descenso hasta el fondo del mundo físico y la pérdida de la visión espiritual era necesario para conquistar la autoconciencia, o conciencia del yo, y la libertad para, una vez conocido el camino del Mal y experimentar los dolores y sufrimientos que produce, decidirse por el del Bien, único camino que le hace crecer y experimentar la felicidad y el amor que le están reservados en la evolución. Pero, al caer el hombre en el mundo material, tuvo que conocer inevitablemente el Mal.

Esta precipitación en la materia a causa de la influencia luciferiana, supuso que el hombre, al final, se olvidara de su origen divino y creyera que el único mundo que existía era aquel del cual le informaban sus sentidos, o sea, el físico. Tal era esta situación en la Época Greco-Latina, a principios de la era cristiana, que los emperadores romanos eran considerados como dioses, se adoraba al hombre material por encima del espiritual.

La Humanidad corría entonces el peligro de confundir su Yo Divino con su yo pasajero y obrar como si solamente este último fuera el real. La consecuencia inevitable era el egoísmo que, poco a poco, le llevaría a odiar al prójimo y , por lo tanto, a endurecerse, a quedarse rezagado en la evolución.

La misión de la Humanidad en el Periodo Terrestre es la de desarrollar el Amor, cualidad que sólo es capaz de ir integrando lentamente. Para ello, primero se le ha enseñado el amor egoísta y consanguíneo: a la tribu, a la familia, al pariente; y después, se la ha perfeccionado un poco más, refinando este amor hasta llegar a convertirlo en amor altruista, amor al prójimo, amor que, al finalizar el Periodo Terrestre y dentro del Periodo de Júpiter, debe compenetrarla hasta que sea exhalado como aroma de todo ser humano.

Al comienzo de la era cristiana, la Humanidad necesitaba el impulso que la llevaría a realizar su misión. Este impulso le fue dado por el advenimiento de Cristo. Pero Jesús-Cristo tuvo además otra misión importante que realizar: elevar al hombre al «reino de los cielos».

¿Qué significa esto exactamente?

Antes de que el hombre perdiera su visión del mundo espiritual no era libre, era un ser feliz en manos de la Divinidad, algo así como un bebé en manos de sus padres. De haber seguido así nunca habría perdido su visión espiritual, obteniendo en cambio las dos visiones: la espiritual y la física, aunque el mundo material jamás habría llegado a ser lo que es hoy día, sino un mundo mucho más sutil. La excesiva densificación del mundo físico es debido a la influencia luciferiana.

El hecho de haber descendido al mundo físico-sensible hizo que perdiéramos la visión espiritual. Pero ahora Cristo mismo desciende desde los mundos espirituales y trae con Él el «reino de los cielos», es decir, el impulso necesario para que recuperemos de nuevo la visión del mundo espiritual, aunque habiendo alcanzado la autoconciencia y la libertad. Pero esta visión del mundo espiritual, este nuevo estado de conciencia, que será recuperado a través de impulso de Cristo, no es como el que se conseguía mediante la iniciación antigua, sino que es algo totalmente nuevo.

En la iniciación antigua, el hombre, mediante la guía del Hierofante de los Misterios, era elevado al «reino de los cielos», esto es, a obtener la visión del mundo espiritual; pero esto se producía con la conciencia del yo disminuida. Aquel que se acoja al impulso de Cristo, experimentará el «reino de los cielos» con plena conciencia del Yo.

El iniciado se elevaba desde la Tierra al mundo espiritual; Cristo trae el mundo espiritual a la Tierra, por así decirlo.

Otra novedad importantísima es que con el advenimiento de Cristo todos tenemos acceso, sin excepción, al reino de Dios, cosa que no ocurría antes de Su venida, sino que sólo unos pocos elegidos eran llevados a los templos de iniciación. Las puertas al reino de los cielos se abren, pues, para todos al acogerse al impulso crístico.

La vida de Cristo reproduce de manera «real» en el plano físico todo lo que antes era experimentado en los planos internos únicamente por los iniciados. En efecto, el candidato a la iniciación era aislado durante tres días y medio y puesto en un estado semejante a la muerte. Al despertar traía consigo el recuerdo de lo visionado en el mundo espiritual. La vida de Cristo es una repetición de la iniciación antigua pero en el mundo de los sentidos, al que llamamos mundo real; es la iniciación puesta en escena en la historia exterior por el mismo Cristo, abriendo las puertas a todo el que quiera entrar.

La Misión de Cristo consiste en despertar en el hombre el «Yo Soy», darle la plena fuerza y expulsar de su alma la influencia luciferiana. Por el principio de Cristo se incluye en el hombre el Amor altruista,

Amor que le permitirá finalmente alcanzar la misión del Periodo Terrestre. El Cristo desliga el amor de los lazos egoístas y consanguíneos del hombre, le da la fuerza que lo espiritualiza, que le conduce al Amor espiritual.

Si leemos los Evangelios con detenimiento, observamos que lo más importante que nos transmiten es lo que Cristo trae a la Humanidad: su Misión, y que esta Misión consiste principalmente en elevar al hombre al mundo espiritual mediante un nuevo impulso, un impulso que lo libera de la influencia luciferiana y le devuelve su rango espiritual.

El hombre, si se acoge al impulso crístico, recibe dentro de él una semilla que poco a poco irá transformándole hasta hacer de él un hombre nuevo, un hombre que alberga en su interior el reino de los cielos. Tendrá la conciencia del mundo espiritual, pero, además, conservará la conciencia del mundo físico. Cristo convierte en positiva, por así decirlo, la influencia luciferiana; aprovecha esta influencia a favor del hombre, es decir, el hombre sale beneficiado de la «caída» y vuelve al reino del Padre con plena autoconciencia; se reintegra en la Unidad del mundo espiritual, pero conservando la individualidad alcanzada debido a la «caída» y a su paso por el mundo material.

El Padrenuestro es una oración entregada a la Humanidad por Jesús-Cristo para atraer el reino de Dios al hombre y hacer que la voluntad humana sea una con la Divina: «Venga a nosotros tu reino» —dice. Esta oración aparte de otros muchos significados nos aclara que debemos pedir que el reino de Dios sea percibido en la tierra con la plena conciencia del Yo. Pero para que esto pueda tener lugar, primero hay que alcanzar la autoconciencia, y esto ha necesitado un largo recorrido, el que va desde el Ciclo de Lemuria hasta el Ciclo Post-atlante o Ario.

En la Época Atlante la Humanidad estaba totalmente sumergida en el alma grupal. En aquellos tiempos nadie decía «yo soy», sino algo así como «Dios es y yo en Él». Los hombres de aquel tiempo tenían conciencia grupal, es decir, el patriarca vivía en la sangre de todo el pueblo durante varias generaciones. El hombre pertenecía al grupo y sus recuerdos se remontaban al fundador. El grupo era, por así decirlo, una entidad. Así, en los tiempos bíblicos, los patriarcas vivían muchísimos años. Recordemos a Matusalem, Abraham, Noé. No eran ellos los que perduraban, sino el recuerdo de ellos en sus descendientes, recuerdo que vivía a través de la sangre. La memoria de un ser humano perteneciente a un grupo abarcaba hasta el patriarca a través de la sangre. De ahí que estuviese prohibido unirse sexualmente con alguien que no perteneciera al grupo, pues, cuanta menos influencia tuviese la sangre de otros grupos, más limpia se conservaría la memoria grupal para ir adquiriendo la individual.

En los tiempos de Cristo, muchos habían adquirido la conciencia individual, pero otros todavía conservaban algo de la grupal. Por eso los que seguían la religión de Jehová decían «Yo y el padre Abraham somos uno». Y el Cristo les replicaba: «Antes del patriarca Abraham Yo Soy». O lo que es lo mismo: «Antes del patriarca Abraham era el «Yo Soy».

El Cristo viene para inaugurar una nueva etapa en la era de la Humanidad, la etapa de la conciencia del Yo; el Yo superior nace en el yo inferior y, a partir de ahí, toma las riendas de sus vehículos y descubre el reino de los cielos.

De haber adquirido la conciencia del yo sin el impulso de Cristo, la Humanidad corría el peligro de perecer en el egoísmo del mundo material y quedarse rezagada. Cristo sabía que este peligro acechaba a la Humanidad desde que quedó sometida a la influencia luciferiana; por eso ideó descender a la Tierra para «salvarla» de la infelicidad que le esperaba al seguir el camino egoísta del yo pasajero. Su Misión duró tres años, empezando con las tentaciones y terminando con su resurrección y ascensión.

7. Jesús tentado por el diablo. *Gustavo Doré*

CAMINO DEL GÓLGOTA

«Ayer alguien sembró Amor en mi espíritu.
Hoy, esas semillas son frondosos árboles que brindan apoyo
a mis semejantes».

Juan Guerra Cáceres

Las tentaciones

Inmediatamente después de acontecer el nacimiento de Cristo mediante el bautismo de Juan, Jesús-Cristo es llevado por el Espíritu al desierto donde se somete a las tentaciones que ha de superar en Su cuerpo físico para comenzar Su Misión sobre la tierra:

«Entonces fue llevado Jesús por el Espíritu al desierto para ser tentado allí por el diablo. Y habiendo ayunado cuarenta días y cuarenta noches, al fin tuvo hambre. Y acercándose el tentador, le dijo: Si eres hijo de Dios di que estas piedras se conviertan en pan. Pero Él respondió diciendo: Escrito está: «No sólo de pan vive el hombre, sino de toda palabra que sale de la boca de Dios. Llevóle entonces el diablo a la ciudad santa, y poniéndole sobre el pináculo del templo, le dijo: Si eres hijo de Dios, échate de aquí abajo, pues escrito está: « A sus ángeles encargará que te tomen en sus manos para que no tropiece tu pie contra una piedra». Díjole Jesús: También está escrito: «No tentarás al Señor tu Dios». De nuevo le llevó el diablo a un monte muy alto, y mostrándole todos los reinos del mundo y la gloria de ellos, le dijo: Todo esto te daré si postrado me adorares. Díjole Jesús: Apártate, Satanás, porque escrito está: «Al Señor tu Dios adorarás y a Él sólo darás culto». Entonces el diablo le dejó, y llegaron ángeles y le servían».

Mateo: 4: 1-11

Podemos pensar, al llegar aquí, que si Cristo era un ser perfecto, ¿por qué tuvo, entonces, que someterse a tentaciones? Pero Cristo tuvo que encarnar en un cuerpo físico en el cual ya había vivido una individualidad. Mejor dicho: el cuerpo físico que ocupó el Cristo fue preparado por dos individualidades: Una, la del Jesús de Lucas, era la primera vez que encarnaba, no había sido sometida a la influencia luciferiana. Por tanto, era pura; no tenía que recapitular nada de otras vidas posteriores a la caída. La otra, la del Jesús de Mateo era una individualidad que se había estado perfeccionando durante muchas vidas para ofrecer después el gran sacrificio de ceder sus vehículos al Cristo. La unión de los dos niños Jesús en uno solo supuso, por un lado, la recuperación de un estado puro anterior a la caída; y por otro, el conocimiento y la experiencia como consecuencia de haber pasado por el mundo físico. Antes de iniciar su grandiosa Misión, el Cristo debía estar seguro de que sus vehículos no contenían tendencias inferiores que pudieran entorpecer el impulso que Él tenía que dar a la Humanidad.

¿Qué se alcanza, pues, mediante la superación de las tentaciones? Se alcanza el estado perfecto, la forma de ser ideal, lo que el hombre ha de llegar a ser una vez vencidas todas las tendencias inferiores que tienen que ver con la influencia luciferiana. Así lo expresa Jesús-Cristo en las bienaventuranzas del llamado «sermón de la montaña».

Las tentaciones van dirigidas a los tres vehículos de Jesús-Cristo: cuerpo físico, cuerpo astral y cuerpo mental, después de un periodo de ayuno de cuarenta días. Estos cuarenta días pertenecen al número sagrado que se emplea en la Biblia para designar un periodo de purificación. Cuarenta son los años que los hijos de Israel vagaron por el desierto y cuarenta son los días de la Cuaresma. A los que son sospechosos de haber contraído un virus o una enfermedad desconocida se les mantiene en cuarentena. Los cuarenta días que Jesús-Cristo ayuna en el desierto nos informan de que se produjo una descontaminación, una purificación de sus vehículos para que no quedara ningún residuo de influencia negativa que entorpeciera la Misión de Cristo.

Después de estos cuarenta días, el tentador se acerca a Cristo para decirle que, ya que tenía hambre, convirtiera las piedras en pan. Esta tentación se dirige a su cuerpo físico, el cual después de cuarenta días sin comer, por fuerza tiene que tener hambre, pues ingerir alimentos es una ley del cuerpo físico, sin la cual no puede subsistir. Pero el modo de obtener los alimentos ha de ser mediante el trabajo, pues así se encuentra en la ley de Dios enunciada para el mundo físico después de la caída: «Ganarás el pan con el sudor de tu frente».

El diablo le pide que altere los elementos en favor de su necesidad física, a lo que Jesús-Cristo le contesta: «No sólo de pan vive el hombre». Y en efecto es así, el hombre, aparte del cuerpo físico u hombre aparente o visible, tiene también cuerpos espirituales que no se alimentan de materia física, sino de materia espiritual. El alimento del espíritu es hacer la voluntad del Padre, por ejemplo. El cuerpo mental vive de pensamientos y el astral de sentimientos. El alimento material es una necesidad del cuerpo físico, pero el modo de obtenerlo debe ser también mediante procedimientos sometidos a leyes físicas, por lo menos mientras se viva en un cuerpo físico. El diablo le pide que altere los elementos, que haga magia, y no precisamente para utilizarlo en favor de la Humanidad, sino para alimentarse, es decir, para utilizarlo de forma egoísta, en beneficio propio. Esto es lo que Jesús-Cristo discierne de las palabras del tentador; no le está diciendo ingenuamente que se alimente y, puesto que tiene hambre, es una cosa lícita, sino que le está proponiendo que, ya que ha alcanzado un estado espiritual, puede hacerlo en beneficio propio. En resumidas cuentas, le está pidiendo que haga magia negra, pues toda magia que se utiliza en beneficio propio puede ser considerada magia negra. Es aquí donde el Cristo le contesta que no es necesario vivir sólo de «pan», sino que hay otras formas. Además, también le adelanta con su respuesta que día llegará en que todo aquel que pase por la iniciación crística recuperará un estado en el que no necesitará alimentarse con «pan», pues sus vehículos se habrán hecho mucho más sutiles. Alimentarse con alimentos pertenecientes al mundo físico es, pues, transitorio, pero el alimento del Espíritu es permanente.

La segunda tentación se dirige al cuerpo de deseos o astral. El tentador intenta aquí de nuevo apartar a Jesús-Cristo de la Misión que Él había estado esperando realizar durante tanto tiempo. El tentador le estaba invitando, nada más y nada menos, a que hiciera ostentación de sus poderes, es decir, que utilizara sus poderes en beneficio propio, pero esta vez desde el mundo de los deseos. Aquí Cristo nos enseña que todo candidato a la iniciación no debe hacer espectáculo de sus poderes. Cuando uno alcanza la clarividencia o cualquier poder de tipo espiritual debe utilizarlo de forma discreta y no diciendo: «Mirad cuan elevado soy, estoy en contacto con la Divinidad y los elementales me obedecen». Cuando se alcanza el reino de los cielos, la armonía fluye y los poderes se utilizan de forma discreta, no haciendo espectáculo. Esta es la prueba que supera Jesús-Cristo con la segunda tentación: el dominio completo del cuerpo de deseos, que le lleva a utilizar los poderes cuando son necesarios y no cuando alguien le pide que los utilice.

La tercera tentación habla directamente al cuerpo mental de Cristo. El diablo sabía que el pueblo judío esperaba a un Mesías que reinase en Israel, incluso los más cercanos a Cristo creían que Jesús iba a tomar las riendas de un movimiento político para echar a los romanos y proclamar el Estado de Israel libre de toda influencia extranjera. Pero la Misión de Cristo no era tan limitada, Él venía a proclamar el reino de Dios para todas las personas. Sin embargo, el tentador habla a ese ego que pudiera quedar aún en los cuerpos que habían pertenecido a Jesús de Nazareth. Al fin y al cabo, había nacido en una tierra y en una raza que amaba, y el hecho de ser poderoso y aclamado por las multitudes podía seducirle. Él podía ser el dueño del mundo, pero entonces el mundo seguiría descendiendo debido a la influencia luciferiana, y quedaría frustrado el Plan que la Divinidad se había propuesto. Si Cristo hubiese accedido a las propuestas del diablo, querría decir que habría sucumbido a la prueba del orgullo y, por lo tanto, se habría unido a la acción de satanás y el Plan Divino habría quedado truncado.

Una vez superadas las tres pruebas, Jesús-Cristo ya está preparado para realizar con éxito su Misión.

Las Bienaventuranzas

«Viendo a la muchedumbre, subió a un monte, y cuando se hubo sentado, se le acercaron los discípulos; y abriendo Él su boca, los enseñaba, diciendo:
Bienaventurados los pobres en espíritu, porque suyo es el reino de los cielos. Bienaventurados los mansos, porque ellos poseerán la tierra. Bienaventurados los que lloran, porque ellos serán consolados. Bienaventurados los que tienen hambre y sed de justicia, porque serán hartos. Bienaventurados los misericordiosos, porque ellos alcanzarán misericordia. Bienaventurados los limpios de corazón, porque ellos verán a Dios. Bienaventurados los pacificadores, porque ellos serán llamados hijos de Dios. Bienaventurados los que padecen persecución por la justicia, porque suyo es el reino de los cielos.
Bienaventurados seréis cuando os insulten y persigan y con mentira digan contra vosotros todo género de mal por mí.
Alegraos y regocijaos, porque grande será en los cielos vuestra recompensa, pues así persiguieron a los profetas que hubo antes de vosotros».

Mateo, 5: 1-12

Jesús-Cristo alcanza el estado perfecto mediante la superación de las pruebas a las que había sido sometido en las tentaciones del desierto. Ejemplo que ha de seguir después cada individuo que haga propias sus enseñanzas. Él poseía dentro de Sí Mismo el reino que venía a proclamar y venía a despertar ese reino dentro de cada persona, por eso lo anuncia por toda la región. La Humanidad había llegado al estado de madurez necesaria para alcanzar el reino de Dios. Un ser humano había alcanzado el estado evolutivo necesario como para que, por su intermedio, el Cristo se comunique con cada persona. En definitiva, el reino de Dios había entrado en la Tierra, pero no en la forma que esperaban muchos: un reino material cuyo gobierno mundial sería ejercido desde Israel; sino en

forma de semilla, la semilla que dejaría el Cristo, y
que iría creciendo a lo largo de los siglos dentro de
cada uno. La rapidez con que se habría de desarrollar
este reino se debe a la atención que cada uno preste
a la semilla. Si se la riega y se le presta atención cre‐
ce más deprisa y en mejores condiciones que si no se
le hace caso. Pero esta semilla que el Cristo estaba
sembrando daría los frutos que se dan a conocer en
las Bienaventuranzas. Aquí el Maestro da las nueve
maneras de ser perfectas que atraerá la armonía del
reino de Dios a la Tierra. Nueve maneras de ser que
son contrarias a las maneras de ser de la sociedad
materialista. Las Bienaventuranzas describen al hom‐
bre tal como debe ser antes de poder vivir en la «Casa
del Padre» que Cristo nos anuncia.

La primera Bienaventuranza se refiere a los pobres
en espíritu. «Porque de ellos es el reino de los cielos»
-dice. Este estado de conciencia se alcanza mediante
la comprensión de que en cualquier estado evoluti‐
vo no podemos disponer de todo el conocimiento, so‐
lamente una parte es puesto a nuestra disposición.
Somos pobres en espíritu porque, al igual que el pobre
normal, siempre estamos dispuestos a recibir con ale‐
gría lo que nos den. Y en este caso se trata de alimento
espiritual. Por tanto, ser pobre en espíritu permite que
nuestra alma sea alimentada en cualquier momento
de nuestro estado evolutivo, lo que nos permite ser
alimentados por la enseñanza de Cristo, y ya sabemos
que acogiéndonos a su Impulso es como llegaremos a
percibir el reino de los cielos. Pero también hemos de
ir alimentando a otros con lo que vamos recibiendo.
De lo contrario, pronto creeríamos que somos ricos y

que ya lo sabemos todo y no necesitamos más conocimiento.

La segunda Bienaventuranza nos habla de los mansos. Hay que ser manso para poseer la Tierra. El recorrido de Jesús-Cristo hasta llegar al Gólgota es un ejemplo constante de mansedumbre. La mansedumbre permite que nuestro karma sea liquidado. Los mansos heredarán la Tierra porque cortan el hilo del karma negativo, no se enzarzan en relaciones kármicas, perdonan a sus enemigos y admiten lo que éstos puedan exigirle. La mansedumbre nos lleva, al final, a vivir en una tierra de libertad donde nadie puede exigirnos lo que le debemos en función de nuestra relación kármica. Por tanto, se hereda la Tierra en libertad, se disfruta realmente de ella sin que nadie nos exija nada. La Tierra no es del que la gobierna sino del que la disfruta, del que la entiende como bendición y como tránsito evolutivo, del que realmente sabe que es un ser vivo. La mansedumbre permite heredar la Tierra tal como debe llegar a ser: un lugar de paso que nos permitirá alcanzar nuestra misión, el amor altruista. Esta heredad es el anticipo de la verdadera Tierra, la Tierra Espiritual.

La tercera Bienaventuranza habla de los que lloran. «Porque ellos serán consolados» —nos dice—. Esta Bienaventuranza describe el estado del que ha comprendido la dinámica cósmica, sabe que lo que ahora está sufriendo es consecuencia de su karma anterior. Día llegará en que este karma se acabe y entonces vendrá la consolación. Ya no habrá más sufrimiento. El sufrimiento es pasajero siempre que uno entienda que está pagando los errores cometidos en esta o en otra de sus vidas anteriores. Una vez enten-

8. El Sermón de la Montaña. *Gustavo Doré.*

dido el porqué de sus calamidades ya está preparado para recibir el consuelo que viene con el nuevo reino, el reino de Dios, «donde no hay más llanto ni dolor ni clamor».

Los que tienen hambre y sed de justicia serán hartos -dice la cuarta Bienaventuranza. Aquí se entiende que se trata de la Justicia Divina. La Justicia Divina siempre actúa con sabiduría, al igual que el rey Salomón cuando se presentaron ante él dos mujeres de mala vida con un niño que reclamaba cada una como suyo, pues las dos habían dado a luz y uno de los dos niños había muerto. Salomón, para solucionar el problema, pidió que le trajeran una espada y ordenó que partieran al niño que había sobrevivido por la mitad para dar a cada una su parte. Entonces la verdadera madre pidió al rey que, por favor, diera el niño a la otra mujer. Por este gesto el rey supo que ella era la madre y ordenó a sus sirvientes que le dieran el niño sin matarle. Esta es la Justicia Divina, la cual ha de desear el que aspira al reino de Dios. Cuando sienta ese vacío en las entrañas, no de que sea aplicada su propia justicia subjetiva, sino la Justicia del Padre, entonces estará preparado para acceder al mundo de Dios.

«Bienaventurados los misericordiosos, porque ellos alcanzarán misericordia» —nos aclara la quinta. Dice el diccionario que misericordia es la virtud que inclina el ánimo a compadecerse de los trabajos y miserias ajenos. La misericordia implica compasión, y la compasión no tiene en cuenta lo que ha podido hacer anteriormente la persona. El estar dispuestos a perdonar los errores ajenos una y otra vez, sabiendo que nosotros los podemos cometer o haber cometido más gordos, es lo que se nos pide en esta quinta Bienaventuranza. Actuando con misericordia contribuimos a limpiar el universo de sentimientos y pensamientos de venganza, y dejamos que sea la Justicia Divina la que se encargue de ello. Si tenemos misericordia con nuestro prójimo, la Misericordia Divina se derramará sobre nosotros. Por otro lado, lo contrario: el odio, la venganza generan más odio y más venganza, lazos kármicos que impiden vivir en el reino que Cristo estaba instaurando en el corazón de los hombres.

La sexta Bienaventuranza dice: «Bienaventurados los limpios de corazón, porque ellos verán a Dios». Ya hemos visto que el impulso de Cristo nos permitirá en un futuro ser puros y perfectos. ¿Qué significa ser puro y perfecto? Significa que en el momento en que damos cabida en nuestro ser a la semilla crística, estamos acogiendo dentro de nosotros lo que terminará purificándonos. Es decir, nuestro descenso al mundo de los sentidos ha hecho que nuestros vehículos quedasen sometidos a cierta influencia, la influencia luciferiana, que nos lleva a cometer toda clase de imprudencias sensuales, imprudencias que «manchan» nuestra voluntad y la dirigen hacia actos contrarios a la Ley de Dios. Esto nos permitió individualizarnos y alcanzar la autoconciencia; pero llegó un momento en que Cristo encarnó para evitar que la «caída» se convirtiera en peligrosa para la Humanidad. La influencia luciferiana, como hemos visto, quedó neutralizada por la Misión de Cristo. Todo el que se acoja al impulso de Cristo irá cerrando progresivamente sus ojos al mundo de los sentidos físicos para abrirlos a los sentidos espirituales. Esto hará que algún día la voluntad se dirija a lo que le conviene de acuerdo a las normas divinas. Y llegará un momento en el que se produzca esa purificación que nos llevará a contemplar el mundo Divino y el mismo rostro de Dios.

La séptima Bienaventuranza se refiere a los pacificadores. «Serán llamados hijos de Dios» —nos dice—. ¿Qué se necesita para ser un buen pacificador? Evidentemente lo primero que tiene uno que tener es paz interior. Nadie puede pacificar nada si antes no ha instalado la paz en su fuero interno. Pero ¿por qué se establece la guerra dentro de nosotros? Por las distintas ideas y sentimientos que penetran en nuestro interior. Las ideas nuevas luchan contra las viejas a medida que vamos avanzando en el camino. Unos sentimientos se oponen a otros y nuestra voluntad queda dominada por los vencedores.

«Paz en la tierra a los hombres de buena voluntad» —dijo el «ángel» a los pastorcillos que andaban por los alrededores donde se produjo el nacimiento de Jesús—. La buena voluntad atrae el estado de paz interior. Los luciferes actúan en nuestro cuerpo de deseos y nos empujan a desear toda clase de deseos que nos llevan a descender más al mundo de los sentidos y a cometer toda clase de errores. Nuestro espíritu desea la paz y el desarrollo espiritual. En el momento actual de nuestro desarrollo, la mente se suele aliar con nuestro cuerpo de deseos inferior y hacer lo que éste quiere. Cuando nos oponemos se establece una lucha. Obtener la paz interior significa haber seguido un largo camino de entrenamiento mental que nos permite hacer lo que nosotros queremos y nos beneficia espiritualmente, y no lo que quieren los luciferes a través de nuestro cuerpo de deseos. Significa que, por habernos acogido a los valores crísticos, la influencia luciferiana será expulsada de nuestro interior. Significa, en fin, llegar a una especie de madurez espiritual en el que nuestra voluntad actúa al unísono con la voluntad Divina. Sólo cuando uno ha llegado a este estado es cuando podemos hablar de que ha llegado a ser un pacificador, pues la paz que ha obtenido mediante su entrenamiento después de acogerse al impulso de Cristo, le permite exportarla al exterior; no necesita proclamarla, pues todo el mundo que se acerca a él la percibe. Sólo así es posible que pueda nacer el «hijo de Dios» en el hombre, O sea, que su triple espíritu se una con su triple cuerpo a través del foco de la mente. Los pacificadores son llamados hijos de Dios porque al llegar a ese estado nace en ellos realmente el hijo de Dios, el Cristo.

«Bienaventurados los que padecen persecución por la justicia, porque suyo es el reino de los cielos». Así reza la octava Bienaventuranza. Evidentemente, la justicia a la que aquí se refiere es la justicia de abajo, la que va en contra de la nueva justicia, la que proclama que el reino de los cielos ha de instalarse en la Tierra. La justicia basada en los viejos valores ve como un peligro la justicia de Cristo, pues obviamente si el nuevo modelo de justicia se establece en el orden social, los gobiernos sucumbirían, y esto no pueden permitirlo, por eso persiguen a los que con su ejemplo y su moral están imponiendo un nuevo modo de entender la justicia, que se fundamenta en la Justicia Divina. Dejar actuar esta Justicia es la única manera de acabar con la injusticia, por eso los que alcanzan la octava Bienaventuranza son perseguidos; pero esta misma persecución denota que ya no se someten a las leyes humanas, que ya han superado las leyes erróneas para entrar en las Leyes Cósmicas, Leyes que rigen en el reino de los cielos que ellos ya han conquistado.

Y llegamos a la novena y última Bienaventuranza: «Bienaventurados seréis cuando os insulten y persigan y con mentira digan contra vosotros todo género de mal por mí.

«Alegraos y regocijaos, porque grande será en los cielos vuestra recompensa, pues así persiguieron a los profetas que hubo antes de vosotros».

En la octava somos bienaventurados cuando nos persigue la justicia, y en la novena lo somos cuando nos persigue y nos insulta cualquiera por causa de Cristo. Ciertamente hay muy poca diferencia de ésta con la anterior, pues se trata de que uno cuando es perseguido, sabiendo que es por hacer el bien, porque mejore la sociedad entera, en definitiva, porque la verdadera Justicia se instale en la Tierra, entonces ha de estar contento, ya que las causas que él pone en movimiento permiten que no se siga envenenando el Universo con odios y venganzas. El que ha llegado a este extremo es capaz de transmutar el mal que se le echa encima, debido quizá a deudas kármicas anteriores, y no permitir que se siga propagando. Al llegar a este estado de bienaventuranza lo único que le preocupa es hacer el bien y que el reino de Dios se instale en todos los corazones cuanto antes, aunque los demás no le comprendan y le persigan e insulten.

Estos son los nueve estados de conciencia que el hombre, una vez acogido la semilla de Cristo en su interior, está destinado a alcanzar. Llegará un momento en su evolución, en una o en otra encarnación, en la que será por naturaleza de estas nueve maneras. Entonces estará preparado para entrar en el reino de Dios.

Resurrección de Lázaro

Para llevar a cabo su Misión, Cristo debe realizar una transición del mundo antiguo al mundo nuevo que Él venía a proclamar. Esa transición la realiza a través de Lázaro. Lázaro representa el primer iniciado cristiano. Su resurrección es una iniciación al estilo antiguo.

Dos son las individualidades que juegan un papel esencial en la Misión de Cristo. Se trata de aquellas que podríamos denominar como el «precursor» y el «primer iniciado cristiano». El precursor es Juan el Bautista, quien, como vimos, era Elías el profeta que, renacido con el nombre de Juan, fue el último iniciado al modo antiguo. El «primer iniciado cristiano» es Juan el Evangelista, el discípulo amado, que nos ha transmitido lo que vio y oyó en los mundos espirituales después de haber sido iniciado por el mismo Cristo y renacido con este nuevo nombre, dejando atrás el nombre de Lázaro, cuyo significado es «Dios ha ayudado», lo que nos recuerda que la degeneración en que había caído la Humanidad, debido a la influencia luciferiana, necesitaba de una «ayuda Di-vina» para poder iniciar el período de ascenso al mundo espiritual y recuperar su rango divino. Pero para que esto pudiera ocurrir, la mayor parte de la Humanidad tenía que haber alcanzado la conciencia del yo. Esto está representado por Juan el Bautista. Él es el profeta, el iniciado al modo antiguo que ha integrado perfectamente dicho estado de conciencia. Por eso anuncia que los tiempos ya están maduros para que aparezca «Aquél que debe venir».

«Ningún profeta hay mayor que Juan, pero el primero en el reino de Dios mayor es que él».

Estas palabras de Cristo nos transmiten exactamente lo que estamos diciendo: Juan el Bautista es el mayor y último profeta iniciado a la manera antigua, quien ha llegado al estado de conciencia que tenía que alcanzar la Humanidad para que pudiera venir el Cristo. Juan el Evangelista es el primero iniciado por el mismo Cristo. Aquél fue iniciado por los Misterios judíos; éste por el Cristo, el Verbo, el Logos Solar. Esto le permite ser testigo de los mundos espirituales desde una nueva perspectiva, la que le da la iniciación nueva que acaba de recibir.

En la antigüedad los que iban a ser iniciados eran llevados a los templos de los Misterios y mantenidos allí durante tres días y medio en un estado semejante a la muerte. Durante este tiempo, ellos salían del cuerpo y eran testigos de todo lo que ocurría en los mundos espirituales. Cuando eran despertados de nuevo al mundo físico por los Hierofantes de los Misterios, recordaban lo que habían visto y oído y podían transmitirlo a los demás. Con Juan, el discípulo amado, ocurre lo mismo, pero hay una diferencia: él es iniciado por el mismo Cristo. O sea, el maestro de Juan es el propio Cristo, y esto es lo que ha de repetirse en adelante en toda iniciación: el principio de Cristo ha de actuar en cada uno de nosotros convirtiéndonos en iniciados al modo nuevo.

Con el advenimiento de Cristo algo nuevo habría de ocurrir, se abría una nueva iniciación: la iniciación

9. Resurrección de Lázaro. *Gustavo Doré.*

cristiana. En adelante, el iniciado podía ser cualquiera, no sólo los elegidos; pero, además, el reino de Dios o mundo espiritual bajaba a la tierra; es decir, el estado de conciencia alcanzado mediante la iniciación cristiana permitirá ver por igual el mundo espiritual y el mundo físico. Este estado de conciencia puede ser despertado mediante el impulso de Cristo. En adelante no será necesario repetir el proceso de tres días y medio en un estado semejante a la muerte para ser testigo de los mundos espirituales, sino que el principio de Cristo, actuando en cada uno de nosotros, terminará despertando el reino de los cielos que está latente en nuestro interior. Este proceso comenzó con la iniciación del «primero en el reino de Dios» (Juan el Evangelista), repitiéndose el procedimiento antiguo, o sea, manteniendo al iniciando durante tres días y medio en un estado semejante a la muerte. De alguna forma debía ponerse punto y final a la antigua forma de iniciación, pero tenía que haber un tránsito de una a otra. Este tránsito se representa en el Evangelio por el discípulo «a quien Jesús amaba».

Lázaro y Juan el Evangelista son la misma persona, quien se convierte en el primero en despertar el principio de Cristo. Se duerme como Lázaro, despierta como Juan. Ahora puede comprender por qué él es el discípulo amado; porque sólo él le comprende de verdad, de ello da cuenta su Evangelio, el cual todos los exegetas coinciden en calificar como el Evangelio espiritual por antonomasia.

«Esta enfermedad no es para muerte, sino para gloria de Dios, para que el Hijo de Dios sea glorificado en ella». Juan 11:3.

Aquí se nos dice claramente que se trata de una enfermedad, y que no es de muerte.

El consejo judío de los príncipes de los sacerdotes y los fariseos acordaron desde entonces dar muerte a Jesús-Cristo por haber resucitado a Lázaro. ¿Cómo puede nadie perseguir y dar muerte a alguien que resucita a un muerto? Quizá el furor del consejo viene motivado por el hecho de que el Cristo había revelado a todo el mundo los métodos que sólo estaban reservados a unos pocos. Es más creíble pensar que el malestar de los gobernantes judíos estuviese motivado por el hecho de que Cristo enseñara públicamente el secreto de la Iniciación que por haber resucitado a un hombre de entre los muertos.

Lázaro era amado por Jesús-Cristo. Juan era el discípulo amado. Aquí hay una relación que es clave para descifrar este misterio. Además, la expresión «amar» (según Rudolf Steiner) expresa la relación del maestro con el discípulo en el lenguaje de los Misterios.

«Estaban junto a la cruz de Jesús su Madre y la hermana de su madre, María la de Cleofás y María Magdalena. Jesús viendo a su Madre y al discípulo a quien amaba, que estaba allí, dijo a la Madre: Mujer, he ahí a tu hijo. Luego dijo al discípulo: He ahí a tu Madre. Y desde aquella hora el discípulo la recibió en su casa».

Juan 19:25-27

He aquí de nuevo el discípulo amado. En esta ocasión Cristo mismo instruye a su Madre acerca de Juan. Juan es el primero en entender Los misterios del reino de Dios. A partir de ahora él hará las veces de Jesús de Nazareth, el hijo de María, quien fue el primero en entender lo que Dios traía a la Humanidad a través de Cristo. Una nueva semilla ha penetrado en la tierra;

Juan la ha acogido y es ahora el encargado de hacer que crezca, a través de él, en todos los hombres.

Sacrificio del Gólgota

Después del Bautismo, Jesús de Nazareth deja sus cuerpos de deseos, etérico y físico a Cristo, convirtiéndose en algo completamente distinto a lo que hasta entonces era. Antes teníamos a un iniciado, a un Yo que había estado perfeccionándose durante muchas vidas para llegar al momento sublime de sacrificarse en favor de Cristo; ahora tenemos al Espíritu de Cristo compenetrando los vehículos humanos de Jesús de Nazareth. Un Dios en un cuerpo humano. Sólo así se podía recuperar para la Humanidad lo que ésta había perdido por su inmersión en la materia.

Al hablar de los distintos Periodos por los que pasamos los humanos, explicamos que las Jerarquías Divinas nos proporcionaron los diferentes cuerpos que ahora poseemos. En el Periodo de Saturno se nos dio el cuerpo físico, el cual fue obteniendo mejoras conforme iba pasando por los demás Periodos. Pero el cuerpo que ahora vemos no es el que idearon los Creadores. Ya hemos dicho que nuestra inmersión en el mundo de la materia es debida a la influencia luciferiana y también que, gracias a ella, hemos alcanzado la autoconciencia, lo que nos permitirá ser libres e independientes en lugar de felices bebés en manos de la Divinidad. Pero, al mismo tiempo, algo ha ocurrido: nuestro cuerpo físico se ha hecho más denso y lo que en un principio habría de ser un cuerpo invisible, se ha tornado visible por la caída y la influencia luciferiana. Este cuerpo invisible es el que Cristo ha recuperado para la Humanidad; es decir, Cristo impregna el cuerpo vital con nueva vida y proporciona a la Humanidad el cuerpo incorruptible, un cuerpo etérico espiritual.

Cuando Cristo toma posesión de los vehículos de Jesús se encuentra la triple corporeidad más limpia que podía encontrarse en toda la faz de la tierra. Ya hemos dicho que se trataba de un Yo que no había pasado por la cadena de encarnaciones terrestres y, por tanto, libre de la influencia luciferiana, y del Yo más evolucionado del planeta, el Yo de Zaratustra. Después, el Espíritu de Cristo, que tampoco está sujeto a las tendencias que Lucifer había introducido en los Egos humanos, entra en el triple cuerpo. Además, después del Bautismo en el Jordán, mediante las tentaciones, Cristo vence para siempre los poderes de Lucifer. De modo que, aunque su cuerpo físico era aún visible y permanecería así hasta morir en la cruz y resucitar, a partir de ser bautizado por Juan no permitió más infiltración de las fuerzas luciféricas. O sea, después del bautismo en el Jordán el cuerpo físico que hereda el Espíritu de Cristo va perdiendo poco a poco su materialidad en favor del verdadero Cuerpo de Gloria, aquel Cuerpo en el que Cristo aparece después de su resurrección. Esto es posible porque el Espíritu de Cristo que toma los vehículos de Jesús de Nazareth, al no haber encarnado nunca en un cuerpo físico, no había sido contaminado por los luciferes.

La transfiguración representa el momento en que Lucifer es expulsado del cuerpo físico de Jesús, en el cual habita ahora el Cristo, es el momento en el que el cuerpo vital de Jesús de Nazareth fue impregnado de nueva vida. En ese instante el cuerpo mortal corruptible se revistió del cuerpo inmortal incorruptible. Cristo trajo nueva vida tras agotarse la anterior. Si Él no hubiera venido, el germen de muerte hubiera continuado desarrollándose hasta el final del Periodo Terrestre y hubiese llegado un momento en el que el cuerpo etéreo no tendría más vida para infundir al cuerpo físico y la misión de la Tierra acabaría en la muerte.

Ya sabemos que los antiguos iniciados experimentaban en los Templos de los Misterios, como experiencia anímica, la muerte y resurrección. La vida de Jesús-Cristo es un hecho real que ocurre en el mundo exterior. Podemos decir que lo que antes era una experiencia interior, destinado solo a los pocos escogidos guiados por los Hierofantes de los Misterios, ahora era representado por Cristo en la escena mundial para toda la Humanidad. En los Misterios, era el Hierofante el que despertaba al iniciado después de tres días y medio; en el Gólgota es el Padre el que despierta a Jesús después de su muerte. Podemos decir, pues, que hay una penetración gradual de la iniciación en la Humanidad: primero la reciben unos cuantos elegidos guiados por los Hierofantes de los Misterios; después la recibe el que hace de enlace entre la iniciación antigua y la nueva, Juan el Evangelista, cuyo guía es el mismo Cristo; y por último la representa de forma real el propio Cristo cuyo guía es el Padre. Más adelante será vivida por todos los que lo deseen haciendo realidad la profecía que dice: «Todo el que esté sediento que venga a beber a estas aguas».

El acontecimiento del Gólgota marca el comienzo real y efectivo de un nuevo impulso dado a la Humanidad, el Impulso de Cristo. Pero para que esta

10. La Crucifixión. *Gustavo Doré*.

nueva fuerza penetrara en el futuro en los humanos alguien tenía que sembrarla, esta tarea recayó en Cristo, Quien voluntariamente se sometió a todo tipo de humillaciones, incomprensiones y dolores hasta culminar con el mayor sacrificio que se haya hecho jamás: el sacrificio del Gólgota.

Todos aquellos que han alcanzado la clarividencia coinciden en que lo que ocurrió en el Gólgota fue el acontecimiento espiritual más importante del Periodo Terrestre. ¿Qué fue lo que sucedió realmente? Si lo miramos con los ojos físicos, tan sólo una muerte más, un ser humano excepcional que fue capaz de sacrificarse por unos ideales que creía justos fue atrapado y ajusticiado según las leyes romanas. Pero el punto de vista espiritual nos informa que no, que aquello que aconteció fue el inicio de la Vida, la salvación literal del Yo humano de todas las miserias que se introdujeron en sus cuerpos a partir de la caída. La enfermedad, el dolor y la muerte fueron derrotadas desde el mismo momento en que Cristo muere en la cruz, y en su lugar aparecen el Amor, la Salud y la Vida.

Los que son capaces de leer en la «Memoria de la Naturaleza», nos dicen que lo que allí sucedió fue un acontecimiento cósmico de enormes consecuencias: el Espíritu de Cristo limpió la atmósfera mental y astral de la Tierra que se había estado contaminando por el pensar y obrar negativos de la humanidad infantil. Los evangelistas nos cuentan que en el momento en que fue derramada la sangre del cuerpo de Cristo la Tierra se oscureció. Lo que realmente ocurrió fue lo contrario: una intensa luz cubrió el planeta cegando los ojos de los vivientes, algo así como cuando se mira al Sol durante unos segundos. Si alguien que tuviese vista espiritual hubiese contemplado la Tierra en algún lugar del espacio desde la caída hasta el suceso del Gólgota habría visto como ésta se iba volviendo más oscura a medida que el hombre iba descendiendo al mundo material. Al fluir la sangre de Cristo vería cómo la Tierra, desde aquel momento, comenzó a irradiar una luz. El momento más oscuro coincidió con el momento anterior a la muerte de Cristo. A partir de su muerte, la Tierra brilló de nuevo e inició su escalada ascendente para alcanzar su meta, que es la de convertirse en un sol. El sacrificio de Cristo es tan importante que, desde entonces, en los países cristianos, se pusieron los contadores del tiempo a cero; es decir, Cristo marca una nueva etapa en la que queda limpia la atmósfera astral y mental de la Tierra, produciéndose algo así como un comienzo a partir de cero. La cuenta kármica de la Humanidad parece haber sufrido un borrón y cuenta nueva desde aquel momento.

Supongamos que un pueblo recibe la influencia de unos extranjeros y que, al hacerles caso, los ciudadanos comienzan a tratar los recursos naturales con productos químicos. Después de algún tiempo, la consecuencia es que todos los alimentos se han podrido, nadie puede comer de ellos y, para colmo, la tierra sigue produciendo alimentos podridos. La consecuencia inevitable sería comer de estos alimentos o morir de hambre. Habría quien seguiría comiendo, pero aun éstos algún día tendrían que dejar de comer y terminarían muriendo como los demás. Pero, antes de que esto ocurra, aparece otro extranjero con una solución: introduce otro producto que arregla el problema, haciendo que la tierra pueda volver a dar alimentos limpios del elemento contaminante y limpiando la tierra de todos los alimentos podridos. Los habitantes del pueblo, gracias a la ayuda de este último extranjero, pueden volver a comer y a cultivar alimentos sanos; pero será responsabilidad suya si vuelven a utilizar de nuevo los productos químicos de los primeros extranjeros, volviendo otra vez a contaminar los alimentos.

Los luciferes representan a los primeros extranjeros; y Cristo, al segundo. Lo que hizo Cristo fue limpiar el aura de la Tierra de pensamientos y deseos negativos, que habían sido vertidos por la Humanidad desde la «caída» hasta la venida de Cristo. Alimento espiritual podrido que hacía irrespirable la atmósfera mental y astral de la Tierra, impidiendo la evolución y convirtiendo al hombre en un rezagado. Pero el mantener esta atmósfera limpia después de Cristo es responsabilidad de cada persona. La ayuda crística es incalculable, pero, a partir de ahí, cada persona ha de esforzarse por seguir manteniendo el aura de la Tierra limpia, y esto empieza por mantener limpia su propia aura.

LA RESURRECCIÓN

Porque si los muertos no resucitan, tampoco Cristo resucitó. Y si Cristo no resucitó, vuestra fe es vana; aún estáis en vuestros pecados. Entonces también los que durmieron en Cristo perecieron... Mas ahora Cristo ha resucitado de los muertos; primicias de los que durmieron es hecho.

1Corintios: 15: 16, 17

Aquí radica lo esencial del cristianismo. No podemos creer que la resurrección ocurrió en el cuerpo físico que conocemos, pues, sabemos que «la carne y la sangre no pueden heredar el reino de Dios»; pero en realidad la resurrección se produjo y Cristo se apareció a María de Magdala, a los apóstoles y después a Pablo. Este último es el que arroja un poco de luz para que entendamos en qué cuerpo resucita Cristo:

«... apareció a Cefas, y después a los doce. Después apareció a más de quinientos hermanos a la vez, de los cuales muchos viven aún, y otros ya duermen. Después apareció a Jacobo; después a todos los apóstoles; y al último de todos, como a un abortivo, me apareció a mí» (I Corintios 15:5-8).

¿Y cómo se aparece a Pablo? la respuesta la encontramos en Hechos 9:3-7

« Más yendo por el camino, aconteció que al llegar cerca de Damasco, repentinamente le rodeó un resplandor de luz del cielo; y cayendo en tierra, oyó una voz que le decía: Saulo, Saulo, ¿por qué me persigues?

Él dijo: ¿Quién eres, Señor? Y le dijo: Yo soy Jesús, a quien tú persigues; dura cosa te es dar coces contra el aguijón.

Él, temblando y temeroso, dijo: Señor ¿qué quieres que yo haga? Y el Señor le dijo: Levántate y entra en la ciudad y se te dirá lo que debes hacer.

Y los hombres que iban con Saulo se pararon atónitos, oyendo a la verdad la voz, mas sin ver a nadie».

Aquí se nos muestra de qué naturaleza era el cuerpo de Jesús resucitado. Los hombres que iban con Saulo no pueden verlo. Se trata, pues, de un cuerpo invisible. María de Magdala tampoco le reconoce inmediatamente la primera vez que lo ve resucitado. Pablo equipara las apariciones de Jesús a los apóstoles con la suya propia. Y si la suya sólo se puede percibir con la vista espiritual, hay que entender que la de los apóstoles también.

Todos los hombres, en cuanto descendientes de la Humanidad primitiva (Adán), llevamos dentro el germen del cuerpo corruptible, el cual una y otra vez debe morir, entregándose al mundo físico exterior para fundirse con él. Esto hubiera seguido así de no haberse producido el nacimiento del cuerpo incorruptible o cuerpo de gloria, en el cual resucita Jesús-Cristo. El cuerpo incorruptible reemplaza al corruptible y, a partir de aquí, todos los que se unan al impulso crístico pueden hacer nacer dentro de ellos este nuevo cuerpo espiritual, el cual irá creciendo de forma gradual hasta alcanzar su plenitud.

Si de Adán hemos heredado el cuerpo mortal sujeto a la influencia luciferiana, el cual, a través de sucesivas encarnaciones, nos ha proporcionado, no obstante, que podamos adquirir la autoconciencia, en Cristo heredamos el cuerpo espiritual inmortal. Pero para ello hemos de acoger su fuerza en nuestro interior. De Adán tenemos el cuerpo físico que conocemos; de Cristo, el que hubiera sido de no haberse producido la caída; pero, además, con la conciencia del Yo y toda la experiencia adquirida en nuestro descenso. Todo el que se acoge al Impulso de Cristo y se impregna de sus valores, haciéndolos propios, está formando dentro de sí mismo al Cristo Interno, el cual tarde o temprano, le llevará a la resurrección en este cuerpo de gloria. Todo hombre tiene esta posibilidad; pero, a diferencia del germen del cuerpo corruptible, el germen del cuerpo incorruptible es etérico y solo accesible a la clarividencia.

¿Qué ocurrió entonces con el cuerpo mortal de Jesús de Nazareth, que desciende de Adán, cuando se produce la resurrección? Este cuerpo se desvaneció y del sepulcro se levantó aquel otro cuerpo inmortal, que después se aparece a María de Magdala y a los demás.

Pablo tenía muy claro de qué cuerpo estaba hablando. De ninguna manera cree que el cuerpo que resucita es el cuerpo mortal sujeto a las fuerzas de la muerte y la destrucción, sino que explica claramente que se trata de un cuerpo invisible inmortal, cuerpo que heredarán todos aquellos que se identifiquen con el cuerpo resucitado, ya que de esta forma Cristo va tomando forma en el interior.

«Pero dirá alguno: ¿Cómo resucitarán los muertos? ¿Con qué cuerpo vendrán?

Necio, lo que tú siembras no se vivifica si no muere antes.

Y lo que siembras no es el cuerpo que ha de salir, sino el grano desnudo, ya sea de trigo o de otro grano; pero Dios le da el cuerpo como Él quiso, y a cada semilla su propio cuerpo.

No toda carne es la misma carne, sino que una carne es la de los hombres, otra la de las bestias, otra la de los peces, y otra la de las aves.

Y hay cuerpos celestiales y cuerpos terrenales; pero una es la gloria de los celestiales, y otra la de los terrenales.

Una es la gloria del sol, otra la gloria de la luna, y otra la gloria de las estrellas, pues una estrella es diferente de otra en gloria.

Así también es la resurrección de los muertos. Se siembra en corrupción, resucitará en incorrupción.

Se siembra en deshonra, resucitará en gloria; se siembra en debilidad, resucitará en poder.

Se siembra cuerpo animal, resucitará cuerpo espiritual. Hay cuerpo animal y hay cuerpo espiritual.

Así también está escrito: Fue hecho el primer hombre Adán alma viviente; el postrer Adán, espíritu vivificante.

Más lo espiritual no es primero, sino lo animal; luego lo espiritual.

«El primer hombre es de la tierra, terrenal; el segundo hombre, que es el Señor, es del cielo. Cual el terrenal, tales también los terrenales; y cual el celestial, tales también los celestiales»

1 Corintios 15:35-48

Del sepulcro se levanta un cuerpo celestial que no conoce la muerte. Aquí se hace realidad la Gran Misión de Cristo: la muerte es vencida, es decir, el velo que la Humanidad se ha puesto, debido a su paso por la materia, desaparece para siempre mediante el sacrificio de Cristo. Todo aquel que se acoja al impul-

110

11. La Resurrección. *Gustavo Doré*.

so crístico, alcanzará la clarividencia y volverá a ver que tras la imagen falsa de la muerte se esconde el verdadero mundo, el mundo espiritual. La ceguera es posible mientras permanezcamos apegados a las fuerzas de Lucifer; fue necesaria durante el tiempo que hemos necesitado para alcanzar la conciencia del Yo; pero llega un momento en que los ojos deben ser de nuevo abiertos al mundo real que se esconde tras el mundo de maya o físico, y ese momento comienza con la resurrección de Cristo. El sacrificio del Gólgota es el momento central del Periodo Terrestre, es el punto de inflexión. A partir de aquí todos los seres humanos podemos iniciar el camino evolutivo que nos conducirá al reino de los cielos; pero es necesario que el Cristo se forme en nuestro interior y nuestro cuerpo mortal sea revestido de inmortalidad, lo cual comienza en el momento en que sintamos como algo posible que, al igual que el cuerpo mortal se inicia con una semilla, así también lo hace el inmortal; sólo que la semilla de este último es invisible. El primer germen proviene de la humanidad posterior a la caída; el segundo germen, de Cristo, que ha expulsado de la Humanidad la influencia luciférica consecuencia de la caída. O sea, en el tiempo posterior a la resurrección de Cristo, toda persona puede adquirir algo que quedará incorporado en él y que desciende espiritualmente del cuerpo que resucitó del sepulcro, de la misma manera que el cuerpo mortal desciende de Adán. Pero es el cuerpo mortal el que sirve de semilla (Cristo ha de realizar su Obra trabajando sobre un cuerpo mortal) del cuerpo etérico-espiritual. «Se siembra cuerpo animal, resucitará cuerpo espiritual». Aquí san Pablo se refiere al cuerpo físico-mortal (cuerpo animal) y al cuerpo etérico inmortal (cuerpo espiritual).

En el siguiente capítulo expondremos los trabajos que todo el que quiera puede empezar, desde ahora mismo, a realizar para atraer hacia él todo el bien que Cristo dio a la Humanidad, pero antes repasemos cuál fue su Misión:

Cristo trajo el reino de los cielos como semilla, el cual se compone en esencia de amor altruista, clarividencia, libertad, plena conciencia del Yo (fuerza total sin limitación del cuerpo físico) y expulsión de los poderes de Lucifer del interior del ser humano. Pero El reino de los cielos viene de forma gradual, en la misma medida que se deja crecer en el interior de cada uno de nosotros.

El ser humano tuvo inevitablemente que descender hasta alcanzar la autoconciencia, pero de no haber ocurrido el Hecho del Gólgota, hubiera seguido descendiendo, olvidando su origen espiritual y endureciéndose cada vez más. Como consecuencia de esta separación, solamente existiría para él el mundo físico y la muerte. El odio habría ocupado el lugar del amor y la desesperación se habría adueñado de su vida. Cristo sustituyó este falso concepto por el verdadero, dándole a la Humanidad un nuevo impulso, siendo «su Camino, su Verdad y su Vida» y salvándola literalmente de este siniestro destino de odio, dolor y muerte.

TERCERA PARTE

DESPUÉS DE CRISTO

EL SENDERO HACIA CRISTO

«Cuando hagáis de los dos uno, cuando hagáis lo interior como lo exterior y lo exterior como lo interior, y lo de arriba como lo de abajo, cuando hagáis lo masculino y lo femenino una sola cosa, de tal forma que lo masculino no sea masculino y lo femenino no sea femenino, cuando hagáis ojos que reemplacen al ojo, una mano que reemplace la mano, un pie que reemplace el pie, y una imagen que reemplace la imagen, entonces entraréis en el reino».

El Evangelio de Tomás

Una vez realizada con éxito la Misión de Cristo, la Humanidad tiene a su alcance la fuerza crística, la semilla que está destinada a redimirle de su «caída en la materia». Cristo se ha convertido en el Espíritu interno de la Tierra, quedándose con nosotros, haciendo realidad aquellas palabras suyas: « He aquí yo estoy con vosotros todos los días hasta el fin de los tiempos». En efecto, en este sentido, Cristo no se ha ido, sigue a nuestro lado, tan cerca como la Tierra lo está de nosotros. Pero no sólo como Espíritu Guía de nuestro planeta, sino también como fuerza interna, como Maestro interno de cada persona.

El gran sacrificio de Cristo no consiste solamente en dejarse matar en la cruz, sino precisamente en su descenso hasta el fondo material en que se encontraba el ser humano. Cristo, un Espíritu que habita en el

Sol, decide encarnar, primero en un cuerpo humano y después se queda como Espíritu de la Tierra, hasta que ésta se convierta en un sol y pueda abrazar y fusionarse con el Sol que ahora conocemos. Esta es y sigue siendo la gran proeza de Cristo, es como si cualquiera de nosotros tuviera que encarnarse en un átomo o en una hormiga. No cabe duda de que esto nos parecería una cárcel con tremendas limitaciones. Así es cómo debió sentirse el Cristo en un cuerpo humano y también como Espíritu de la Tierra, pues recordemos que su hogar es el Sol.

En la medida en que la Humanidad avance hacia su destino, acogiéndose al impulso crístico, Él se irá quitando peso de encima.

En realidad, la Humanidad avanza hacia el reino de los cielos, pero va por el camino en espiral ordinario. Hay otro camino, que es el que están dispuestos a hollar los valientes e impacientes que quieren que el reino sea una realidad cuanto antes. Este camino es el de la iniciación cristiana, que permite subir por el sendero en línea recta y que consta de 7 grados: Bautismo o Nacimiento Místico, Transfiguración, Lavatorio de los pies, Getsemaní, Crucifixión, Resurrección y Ascensión.

Nacimiento Místico (Bautismo)

Antes de poder llegar a esta primera fase, el candidato debe alcanzar el estado en que se encuentra Jesús de Nazareth en la etapa previa a su nacimiento, o sea, la virginidad. Virginidad que, como hemos dicho en el capítulo que titulamos «Inmaculada Concepción», se alcanza a través de practicar una vida

de amor y altruismo durante muchas encarnaciones.
Pero no se trata de una virginidad física, sino anímica. En efecto, el que aspira a la iniciación cristiana,
primero debe superar la etapa de los deseos egoístas y
las pasiones humanas: Tiene que ser capaz de dominarlos con su Yo Superior, hasta sublimarlos y crear
esa «tierra virgen», «ese cuerpo puro», en el que pueda
nacer el Cristo

En la Biblia, este primer requisito para la iniciación cristiana, se nos enseña mediante la Inmaculada
Concepción de la Virgen María, acontecimiento que se
refiere a que los padres de los dos niños Jesús habían
superado la etapa de los deseos y las pasiones humanas, llegando a ser capaces de engendrar un hijo como
un sacrificio. Esta virginidad del alma es un requisito
necesario para poder albergar a Cristo, es decir, para
que el Cristo Místico pueda nacer dentro de nosotros,
es preciso que en nuestro interior se produzca una
regeneración que nos devuelva a nuestro estado de
pureza virginal.

¿Cómo se consigue este estado? EL ASPIRANTE
DEBE SER CAPAZ DE IMITAR A CRISTO EN CADA
OCASIÓN QUE SE LE PRESENTE EN LA VIDA, ha de
comprometerse desde ahora a trabajar para el reino
de los cielos, sólo así podrá llegar a prepararse para
que lo que nació en Jesús de Nazareth cuando fue
bautizado por Juan, puede nacer también en él. Sólo
de esta manera podrá estar preparado para que la
fuerza crística pueda entrar en su interior. Pero el que
valora si el candidato está o no preparado para que el
Cristo nazca en él es la Divinidad.

Nadie sabe si está cerca o lejos de este acontecimiento, pues tampoco sabe cuánto ha trabajado en sus vidas anteriores; pero todo el mundo puede empezar o seguir trabajando desde ahora. El Cristo nacerá con seguridad algún día dentro de nosotros, podemos contribuir a que sea antes o después. Para que sea cuanto antes, lo importante es no dejar de trabajar en el perfeccionamiento interno, y tener plena seguridad de que tarde o temprano seremos los protagonistas de este gran acontecimiento en nuestro interior.

Este es el segundo nacimiento del cual habla Jesús-Cristo a Nicodemo en el capítulo III del Evangelio San Juan, cuando le dice:

«De cierto, de cierto te digo, que el que no naciere de nuevo no puede ver el reino de Dios. Nicodemo le dijo: ¿Cómo puede un hombre nacer siendo viejo? ¿Puede acaso entrar por segunda vez en el vientre de su madre, y nacer? Respondió Jesús y le dijo: De cierto, de cierto te dijo, el que no naciere del agua y del Espíritu, no puede entrar en el reino de Dios. Lo que es nacido de la carne, carne es; y lo que es nacido del Espíritu, espíritu es. No te maravilles de que te dije: Os es necesario nacer de nuevo. El viento sopla de donde quiere y oyes su sonido; mas ni sabes de dónde viene ni a dónde va; así es todo aquel que es nacido del Espíritu».

El bautismo por el agua nos indica la necesidad de la purificación interna de los deseos y pasiones, requisito necesario para que el Espíritu Santo descienda sobre el candidato. He aquí el nacimiento del agua y del Espíritu, del cual habla Cristo.

Cuando la fuerza crística ha penetrado en el interior del candidato, lo más natural es que éste quiera actuar de acuerdo con los valores crísticos; pero entonces aparece el tentador para desviarle, atacando ahí donde más le duele. Los poderes que el iniciando acaba de adquirir como consecuencia de albergar la fuerza crística en su interior, pueden ser aprovechados por las fuerzas luciféricas si éste cae en la tentación (ver Capítulo VIII); es decir, el discípulo puede llegar a utilizar sus poderes para un provecho personal. Muchos son los candidatos que, al llegar a este grado, caen, pues para pasarlo con éxito hay que tener mucho discernimiento. No obstante, volverá a pasarlo, cada vez más preparado, hasta que llegue un momento en el que pueda decir sin titubear al tentador, en la primera tentación: «No sólo de pan vivirá el hombre, sino de toda palabra que nace de la boca de Dios»; en la segunda: «No tentarás al Señor tu Dios»; y en la tercera: «Apártate, Satanás, porque escrito está: Al Señor tu Dios adorarás y a Él sólo darás culto».

La meditación que el candidato deber tener claro en este primer grado es: NUNCA UTILIZARÉ MIS PODERES ESPIRITUALES EN BENEFICIO PROPIO, SINO PARA AYUDAR A LA HUMANIDAD».

Transfiguración

Después de pasar por el bautismo y la tentación, el discípulo ha purificado sus vehículos inferiores hasta tal punto en que el Cristo interno brilla intensamente dentro de él. La transfiguración representa la etapa en que las fuerzas luciféricas han sido expulsadas de los cuerpos más densos del hombre. Al llegar a este momento, cualquiera que tuviese vista espiritual podría ver estos cuerpos transparentes. Este momento llega al discípulo por haber logrado, a través del servicio, el amor al prójimo, la oración y el desarrollo espiritual.

Llegar a ese estado en el que las tendencias luciféricas no encuentran ya de qué alimentarse, pues como sabemos los luciferes se nutren de deseos y pasiones bajas, y el discípulo ha dejado desde hace tiempo de tenerlos.

Este es el misterio de los alquimistas. No se trata de convertir literalmente metales viles en oro. La transformación de los metales en oro se refiere a esta etapa en el camino del cristiano místico: CONVERTIR SUS PENSAMIENTOS, SENTIMIENTOS Y ACTOS EN ALGO QUE SEA TAN PURO COMO EL ORO. Esto es lo que debe repetirse una y otra vez el discípulo cuando medite sobre la transfiguración. El candidato debe perseguir esta transformación desde el momento que se acoge al impulso de Cristo.

Lavatorio de los pies

En este ejemplo de Cristo tenemos la dinámica contraria a la que realizan los que están sometidos a las tendencias luciferianas. Cristo es el mayor de todos, pero no se aprovecha de ello para su beneficio personal, como hacen los que siguen la dinámica luciferina, sino que reconoce que si Él está ahí es porque hay quien está en estados de conciencia inferiores al suyo. Su ascenso se lo debe a ellos. La evolución de las distintas oleadas de vida nos enseña que la superior siempre se apoya en la inferior para subir un peldaño más alto. El maestro asciende de nivel gracias a que tiene que enseñar a sus alumnos; si no hubiera alumnos a los que enseñar, no podría ascender.

Si observamos a la oleada de vida animal, vegetal y mineral, podemos darnos cuenta de que la superior se nutre de la inferior. Si la planta fuese capaz de hablar, diría algo así como: «Me inclino hacia ti, mineral, porque de ti me nutro. Aunque perteneces a un reino inferior al mío, reconozco que sin ti no podría subsistir».

De la misma forma, el animal debería inclinarse hacia la planta y decir «Eres un ser inferior a mí, pero sin ti, reino más bajo, sería incapaz de subsistir».

Y en esta misma línea, el ser humano ha de observar a los que se encuentran espiritualmente en un peldaño más bajo y decir: «Sé que perteneces a un nivel más bajo que yo, pero así como la planta se inclina hacia el mineral, y el animal hacia la planta, así yo, que estoy en un estado superior al tuyo, te digo, ser más humilde, que a ti te debo lo que soy».

Al llegar a este estado de conciencia, el discípulo debe ser capaz de entender que tiene que servir a los que están por debajo de él, ayudarles a que un día puedan alcanzar su nivel. Cada vez que el discípulo piense en el lavatorio de pies debería meditar en las siguientes palabras: LO QUE SOY LO DEBO A LOS QUE ESTÁN EN UN ESCALÓN MÁS BAJO QUE YO, POR TANTO, TENGO QUE AYUDARLES EN TODO MOMENTO PARA QUE UN DÍA PUEDAN SUBIR DONDE YO ESTOY.

Getsemaní

«Llegaron a un lugar llamado Getsemaní y Jesús dijo a sus discípulos: Sentaos aquí, entre tanto que voy allí y oro.
Y tomando a Pedro y a los dos hijos de Zebedeo, comenzó a entristecerse y a angustiarse en gran manera. Entonces Jesús les dijo: Mi alma está muy triste, hasta la muerte, quedaos aquí, y velad conmigo.

Mateo 26: 36-39

Cristo sabía cual era su Misión y lo que le esperaba, pues los que iban a apresarle venían en camino. Como todo ser que vive en un cuerpo humano, sintió la tentación de no cumplirla; pero, después de una larga agonía, pide al Padre que se haga su voluntad.

¿Quién no ha tenido que sufrir alguna vez su propio Getsemaní? Todos, en algún momento de nuestras vidas, hemos sentido la tentación de no hacer aquello que debemos hacer, y nos hemos debatido internamente entre cumplir con nuestra misión o volverle la espalda.

El discípulo, al llegar a esta fase, ha recorrido un largo camino y se ha tornado clarividente. Sabe quien es y para qué ha venido a este mundo. Por tanto, sufre con el que sufre y ama con el que ama. El miedo y la debilidad del cuerpo humano se hace ahora más patente, y el discípulo sufre la tentación de no cumplir con su misión, pues todos le han abandonado; él solo se enfrenta a este dolor al saber lo que los demás no saben. Pero he aquí que, de repente, se acuerda de que no está solo; sino que Dios se halla con él, esperando que le pida su ayuda. Y el discípulo exclama resignado: Hágase tu voluntad.

Estas son las palabras mágicas que le aportan la fuerza que necesita para seguir el camino hacia los siguientes grados en la iniciación. ¿Qué es lo que tiene que aprender el cristiano místico en esta fase del camino? Que aunque sienta todo el dolor y la angustia del mundo, aunque todos los amigos le hayan abandonado, aunque le acechen pensamientos negativos…, nunca está solo, sino que Dios está con él.

Pedir ayuda a Dios con las palabras mágicas de HÁGASE TU VOLUNTAD Y NO LA MÍA, ese es el pensamiento que tiene que tener claro el discípulo en esta etapa del camino. Si lo hace así, su amargura se convertirá en compasión, la única energía que le puede permitir sacrificarse por la Humanidad. En efecto, este sentimiento de compasión es el único que permite ayudar a los demás sin que sus dolores nos produzcan aburrimiento y pesadez.

Crucifixión

En la anterior etapa, Getsemaní, el candidato ha transformado su dolor en compasión. El amor maternal ha florecido en él de una forma natural, y siente que este deseo de amar es prioritario en su interior. Ha sublimado de tal forma sus sentimientos que siente que por amor cualquier sacrificio es poco, y se lanza a ayudar a los demás y a socorrer a todos aquellos que lo necesitan, salvándolos de su miseria y su dolor humanos. Esta forma de actuar, este amor por la Humanidad puede acarrear al discípulo grandes sufrimientos; pero aun así sigue adelante, pues siente que «no hay mayor amor que éste: que uno ponga su vida por sus amigos».

Esta etapa en la iniciación queda reflejada en los Evangelios desde el arresto de Jesús-Cristo hasta su crucifixión: la negación de Pedro, los azotes, la corona de espinas, la cruz a cuestas y, finalmente, la crucifixión.

El candidato a la iniciación ha recorrido un largo camino. Se necesita tener mucho amor para soportar tan tremendas pruebas y ser capaz de dar su vida por los demás. Pero tiene la fuerza que le da el haber pasado por todos los pasos anteriores y la ayuda de la Divinidad. Por eso cuando se encuentre en esta fase del camino está preparado para recibir cualquier azote que la vida le traiga. Cuando eso ocurra, el objeto de su meditación debe ser: SERÉ VALIENTE Y SOPORTARÉ CUALQUIER SUFRIMIENTO QUE EL MUNDO QUIERA LANZAR SOBRE MÍ, SIN QUEJARME, PUES EL AMOR QUE HABITA EN MÍ ME DA LA FUERZA QUE NECESITO.

Más tarde, llega al estado en el que comprende que, no sólo es capaz de soportar el sufrimiento y la pena que el mundo le traiga, sino que también puede pasar con éxito lo que el Evangelio describe como «la coronación de espinas», en la cual debe decirse: NI LA BURLA, NI LA MOFA, NI EL ESCARNIO PODRÁN CONTRA LO SAGRADO QUE LLEVO DENTRO.

Cuando ha pasado por todas estas experiencias, ya está en condiciones de «cargar con su cruz». Cargar con la cruz es entender que el cuerpo físico es una cruz que está sobrellevando, o sea, una especie de prisión y no el hombre real. El cristiano, cuando medita sobre la escena de Cristo con la cruz a cuestas, debe poder llegar a decirse: MI CUERPO ES SEMEJANTE A UNA CRUZ QUE TRANSPORTO, COMO PODRÍA LLEVAR UN TROZO DE MADERA. ES NECESARIO EN ESTA ETAPA DEL CAMINO, PERO NO ES EL HOMBRE REAL.

Y llegamos a la crucifixión o muerte mística. Este estado de conciencia es la consecuencia de la madu-

rez adquirida. El discípulo ve como desaparece todo
lo que le rodea, el mundo físico de los sentidos parece
extinguirse delante de él y, de repente, se halla en la
oscuridad. Pero llega un momento en el que de esa oscuridad se abre una cortina, donde ve, tras este mundo físico, el mundo espiritual. La meditación del discípulo cuando pasa por la etapa de la muerte es pensar:
LA MUERTE NO EXISTE; TRAS LA OSCURIDAD Y EL
VELO DE LA MUERTE APARECERÁ EL VERDADERO
MUNDO, EL MUNDO ESPIRITUAL.

Resurrección

Al llegar al grado de la resurrección, el candidato
adquiere conciencia de su inmortalidad. Aunque tenga que volver a encarnar en la tierra, ya no volverá a
olvidar quién es. La muerte, tal como se entiende en
el mundo físico, para él no existirá más. Es en este
grado donde cobran valor las palabras de Cristo: «Yo
soy la resurrección y la vida». En esta etapa, el aspirante experimenta un Amor que parece abarcarlo todo
y siente como si estuviera unido a toda la creación, tal
como sucedía con la antigua clarividencia, antes de
despertar al mundo de los sentidos.

Ascensión

El siguiente grado, el de la Ascensión, se dice que
no se puede expresar en lenguaje humano, sino que
sólo lo puede entender aquel que ha aprendido a pensar sin el órgano humano del cerebro.

En resumen, las seis primeras fases de la Iniciación
Cristiana pueden ser comprendidas (no percibidas)
por cualquiera que dependa, para pensar, de un cere-

bro físico; pero la séptima etapa, la de la Ascensión, sólo es comprendida por el clarividente que no dependa ya de su cerebro, que haya llegado al estado de conciencia en el cual no necesite un órgano físico como instrumento para pensar, sino que haya experimentado por sí mismo lo que es pensar y ver sin el cerebro físico.

EL RETORNO DE CRISTO

«Purifica tu corazón antes de permitir que el amor se asiente en él, ya que la miel más dulce se agria en un vaso sucio».

Pitágoras

A pesar de haber estado aquí hace 2000 años y haber culminado con éxito el objeto de su Misión, Cristo promete volver de nuevo; pero ¿qué Misión habría sido la suya si tuviera que volver otra vez a la Tierra de la misma forma? Ello querría decir que en aquel momento fracasó, y sabemos perfectamente que esto no fue así. Por tanto, su retorno debe producirse de otra manera, debe obedecer a otra parte de su Misión que no se desarrolla en un cuerpo físico, pues la Obra que debía realizar en un cuerpo físico, ya fue terminada en el Gólgota. De hecho, Él mismo nos advierte que no será en ningún apartado terrenal, y también nos previene contra los falsos Cristos, que sí aparecerán en un entorno material y con un cuerpo físico.

«Entonces si alguno os dijere: Mirad, aquí está el Cristo; o, mirad, allí está, no le creáis. Porque se levantarán falsos Cristos y falsos profetas, y harán señales y prodigios, para engañar, si fuese posible, a los escogidos. Mas vosotros mirad; os lo he dicho antes.

Pero en aquellos días, después de aquella tribulación, el sol se oscurecerá, y la luna no dará su resplandor, y las estrellas caerán

Marcos 13:21-26

Falsos Cristos no son solamente los que, movidos por un afán de protagonismo o cualquier otra perversidad, declaran abiertamente que son el Hijo de Dios sin serlo, sino todos los que dicen haber alcanzado el estado crístico sin ser cierto.

Estos falsos Cristos y falsos profetas son personas que han cedido a la tentación y no superaron la prueba, por lo que se quedaron a mitad de camino creyendo que ya habían llegado. Después de haber conseguido alcanzar un nivel importante en el sendero de la espiritualidad, decidieron utilizar, en beneficio propio, los poderes que habían conseguido. Como consecuencia de ello, se quedaron estancados, aunque ellos creen que han completado la iniciación cristiana y se han convertido en auténticos maestros.

El discernimiento, después de una lectura meditada de la advertencia de Cristo, nos ayuda a distinguir enseguida a estos falsos Cristos y falsos profetas. «No hay que buscarlo aquí o allí» —nos aclara Jesús-Cristo—. «Por sus frutos los conoceréis», —nos dice en otra ocasión.

Los falsos Cristos no brillan precisamente por su bondad o su altruismo, aunque prediquen que aman con amor impersonal. Pero hay otra cosa que los delata: el aparecer con un cuerpo físico. Es posible que un ser elevado aparezca en un cuerpo material, pero el retorno de Cristo, del Cristo que realizó su Misión en Palestina hace dos mil años, creemos que no se

130

producirá más en un cuerpo físico, pues, como hemos dicho, ya no necesita realizar ninguna misión en este plano. ¿En qué cuerpo vendrá entonces?

Para contestar a esta pregunta, tenemos que echar un vistazo a lo que, al respecto, nos dicen los Evangelios y la investigación espiritual.

En los Hechos de los Apóstoles encontramos esta narración:

«Estando ellos mirando fijamente al cielo mientras se iba, se les aparecieron dos hombres vestidos de blanco que les dijeron: Galileos, ¿qué hacéis ahí mirando al cielo? Éste que os ha sido llevado, este mismo Jesús, vendrá así como le habéis visto subir al cielo».

Hechos 1:10, 11

Es fácil darse cuenta de que un cuerpo físico-sensible, sujeto a la fuerza de gravedad terrestre, no puede subir en una nube sin desplomarse hacia la tierra. Por tanto, debe tratarse de otro cuerpo, un cuerpo que no se ajusta a las leyes de este mundo, sino a otras leyes desconocidas, bajo las cuales la fuerza de gravedad no se manifiesta. Por otro lado, hemos dicho que el cuerpo físico de Jesús, cuando el Padre resucitó a Cristo, se volatizó al no poder aguantar más las vibraciones del Espíritu de Cristo. Este cuerpo se dispersó a los cuatro vientos y del sepulcro se levantó el cuerpo etérico-espiritual. Éste, según los investigadores espirituales, es el cuerpo en el que Cristo apareció a sus seguidores y —según los Hechos de los apóstoles— en el que subió al cielo y en el que vendrá de nuevo. Pero éste es un cuerpo accesible sólo a la clarividencia y sujeto a las leyes del Mundo Etérico. Por tanto, Cristo vendrá envuelto en un cuerpo etérico. Las «nubes del cielo» era la forma que más se parecía a ese Mundo, por eso todos los testigos de la ascensión de Cristo describen al Mundo Etérico como las «nubes del cielo».

Así pues, la conclusión es que Cristo aparecerá, para completar su Plan, en el Mundo Etérico con un cuerpo perteneciente a ese Mundo; o sea, en el mismo vehículo en el cual se levantó del sepulcro.

Pero ahora nos planteamos otra pregunta: ¿Cuál es su Misión en su segunda venida?

No podremos contestar a esta pregunta si no recapitulamos lo que ya dijimos de Su Misión en Palestina en el siglo I.

Para realizar su Misión, Cristo se ofrece en sacrificio, proporcionando a la Humanidad el impulso que le permite reencontrar de nuevo el camino hacia su verdadera patria, el mundo espiritual, despertando en el interior de cada ser humano este reino de Dios que había olvidado por su descenso gradual en el mundo físico. Pero este reino de Dios no aparece de repente, sino que va formándose en el interior de cada uno, al igual que ocurre en aquella parábola de Cristo en la que nos cuenta que el reino de los cielos es semejante a un grano de mostaza, pero que luego se hace un gran árbol.

Así toda persona que, desde el suceso del Gólgota, se ha acogido al impulso de Cristo ha ido formando dentro de él al Cristo Interno, que le permitirá un día ser ciudadano de pleno derecho de este reino de Dios que se inició en Palestina a través de Jesús-Cristo, un reino hecho de ladrillos humanos. Día llegará en el que una gran parte de la Humanidad habrá evolucionado hasta el punto en que el Cristo Interno haya madurado lo suficiente como para poder ver y reunirse con Cristo, y entonces se harán realidad aquellas pa-

12. La ascensión. *Gustavo Doré.*

labras del Evangelio de San Juan que dicen: «Volveré otra vez y os tomaré conmigo, para que donde esté yo estéis también vosotros».

La segunda venida de Cristo ocurre primero en el interior de cada uno, cuando la semilla que le ha proporcionado el impulso de Cristo ha llegado a brotar. Es un acontecimiento que sucede a cada persona individualmente. Cuando pasa esto, la persona despierta a otro estado de conciencia donde percibe otra realidad que no percibía en su estado anterior. Pero este retorno de Cristo también ocurre de forma real, como hemos dicho, en el Mundo Etérico, aunque «del día y la hora, nadie sabe, sino sólo el Padre».

Es natural que sólo lo sepa el Padre, pues tiene que ver con la transformación de una gran parte de la Humanidad para poder vivir en la nueva etapa evolutiva. Y eso depende del libre albedrío de las personas. Por eso es importante trabajar para que esta realidad llegue cuanto antes; pero este trabajo, como hemos dicho, es interior y de libre elección. Nadie puede obligarnos ni hacer el trabajo por nosotros; tampoco se puede comprar en ningún mercado un escalón evolutivo. Eso es lo grandioso de la evolución.

ÉPOCA ACTUAL Y FUTURO
DE LA HUMANIDAD

> *«El único sentido de esta vida consiste en ayudar a establecer el reino de Dios».*
>
> León Tolstoi

Según Kabaleb, nos encontramos en el inicio del milenio que hará brotar la semilla crística: en los primeros mil años de cristianismo se sembró la semilla; en los mil años siguientes, la semilla arraigó; y en los próximos, es decir, en este tercer milenio, la semilla florecerá en el exterior.

Es posible que esto sea así, y que muchas personas hayan trabajado la semilla en la forma correcta, tal como se nos dice en la Parábola del Sembrador, y que tan sólo en mil años asistamos a la «gran manifestación de hijos de Dios».

El siglo conoció el momento más bajo en la Involución, en el descenso del ser humano hacia el mundo material, pues aunque el punto de inflexión se produjo en la época de Cristo, sin embargo, todavía no había llegado al fondo. Esto ocurrió en el Siglo XIX, cuando el ateísmo y la concepción materialista del mundo llegaron a todos los ámbitos del saber. Fue precisamente en esta época cuando encarnaron algunos iniciados con la misión de contrarrestar esta tendencia que hacía peligrar a los seres humanos. Estos iniciados proporcionaron a la Humanidad el germen de una conciencia espiritual más elevada. Podemos decir, que fueron la avanzadilla en los tiempos de Cristo, aquellos que se acogieron a su impulso y desarrollaron dentro de sí lo que Cristo había traído. Ellos son los que han comprendido la Misión de Cristo y están en condiciones de dar, en el siglo XX, una enseñanza para que la Humanidad no se pierda en un materialismo absurdo, peligroso e irreal; pero para que tampoco se refugie en una espiritualidad cómoda e infantil. Con esa misión encarnan en esa época. Ellos nos han recordado que hay que volver la vista hacia la espiritualidad y llenarnos del Amor de Cristo para superar con éxito esta etapa evolutiva. Ahora, en este recién estrenado siglo XXI, gracias a Dios, la semilla que ellos han puesto en circulación está dando algunos frutos, estamos entendiendo, aunque sólo sea de forma nebulosa, sus enseñanzas e investigaciones espirituales. Y, aunque si bien es cierto que el mundo en muchos aspectos sigue siendo igual de materialista o peor, también hay mucha más gente que empieza a interpretar de forma distinta el Hecho del Gólgota, y a entender de una forma más racional y consciente la Misión de Cristo.

En el capítulo anterior hemos visto que la segunda venida de Cristo se producía principalmente en el interior de cada uno de nosotros; pero este segundo nacimiento no es obligatorio. Los seres humanos hemos sido dotados de libre albedrío; y, por tal motivo, somos libres para decidir si nos acogemos al impulso de Cristo, no nos acogemos o, incluso, combatimos contra él. Pero lo que sí es claro es que si decidimos que no o que combatimos contra él, tarde o temprano habremos de escuchar la voz de Cristo, como lo hizo san Pablo cuando se encaminaba hacia Damasco. Y esta voz resonará en nuestros oídos internos como un mazazo: «Duro te es dar coces contra el aguijón». El mazazo será más fuerte cuanto más hallamos dejado pasar las oportunidades de acoger de forma voluntaria a Cristo en nuestro interior. Entonces nos habremos dado cuenta de que todo ese tiempo hemos estado luchando contra nuestra propia esencia y la ceguera espiritual ha sido nuestra consejera y guía. No importa la idea que tengamos de Cristo; si luchamos contra Él o contra lo que representa, que a nadie le quepa la menor duda de que esta idea es falsa. Para no engañarnos, la idea más básica que se puede tener de Él es de que su energía es Amor. Por tanto, todo el que tenga una idea distinta, debido a interpretaciones humanas, religiones o asociaciones de tipo psicológico, mi consejo es que empiece cuanto antes a cambiarla.

En el primer capítulo hablamos de los siete grandes Periodos en los que Dios había dividido su Obra: Periodo de Saturno, Periodo Solar; Periodo Lunar, Periodo Terrestre; Periodo de Júpiter, Periodo de Venus y Periodo de Vulcano. ¿Es posible, en base a esta división, dar una aproximación de dónde se encuentra la Humanidad actualmente y cuánto camino le queda por recorrer? Los investigadores espirituales contestan que sí.

Respecto a los distintos Períodos, nos encontraríamos actualmente en el Período Terrestre. Pero éste se divide, a su vez, en 7 Estados de Vida (o Vueltas). Cada Estado de Vida comprende 7 Estados de Forma (o

Fases); cada Estado de Forma, 7 Ciclos de Culturas (o Razas); y cada Ciclo de Cultura, 7 Épocas Culturales.

Los Períodos corresponden a siete estados de conciencia. En el Período de Saturno se alcanzó el estado de conciencia de «trance profundo», es decir, un estado semejante al que actualmente posee aquí en la Tierra el reino mineral. En el Período Solar desarrolló el estado de sueño profundo sin ensueños, semejante al que posee en la Tierra el reino vegetal. En el Período Lunar alcanzó el estado de sueño con ensueños, parecida a la de los actuales animales. El cuarto estado de conciencia se adquiere en el Período Terrestre, en el cual nos encontramos. Podemos denominarla «conciencia de vigilia». Por delante de nosotros aún quedan otros tres estados de conciencia. En el Período de Júpiter tendremos lo que se conoce como «la conciencia imaginativa despierta». Para describirlo hemos de recurrir a los iniciados. Ellos han alcanzado esta nueva capacidad, en la cual la persona conserva la misma conciencia de vigilia que actualmente tenemos, la que va del amanecer al anochecer, pero percibiendo, además de los objetos concretos fuera de sí misma, también las imágenes del alma. O sea, el hombre, conservando la conciencia adquirida en el Período Terrestre puede llegar a ver lo que pertenece al escenario del alma. Es el estado de conciencia que podrán adquirir todos los que se acojan al impulso de Cristo, sin necesidad de esperar al próximo Período evolutivo. En el Período de Venus se alcanzará la «conciencia inspirada», la conciencia de inspiración. Aquí el ser humano, además de percibir las imágenes del alma, podrá percibir en un tono continuo de un timbre específico todo lo que pertenece al carácter íntimo del alma de cualquier persona. Percibirá algo así como una figura musical. Y en el Período de Vulcano se alcanzará la «conciencia intuitiva». Pero no se refiere al concepto que conocemos hoy por intuición, sino aquel en que el alma se une con los seres compenetrándolos. Se trata del grado más excelso del ser humano, un grado en el que vive en el interior de los demás identificándose con ellos.

Estos estados de conciencia pueden ser desarrollados antes por los que se adelantan en la evolución. Muchos iniciados ya han alcanzado el estado de conciencia que tendrá la humanidad ordinaria en el Período de Júpiter.

Los Estados de Vida (o Vueltas) nos permitirán alcanzar en el Período Terrestre el rango humano. Actualmente nos encontramos en la mitad de la cuarta Vuelta.

El Estado de Forma actual sería también el cuarto, el físico. Atrás quedarían el Mundo del Pensamiento Abstracto, el Mundo del Pensamiento Concreto y el Mundo Astral; y por delante, estarían el Astral perfeccionado y el Mental (tanto Concreto como Abstracto) perfeccionados.

El Ciclo actual sería el quinto, Ario o Post-Atlántico; antes se situarían los Ciclos Polar, Hiperbórea, Lemuria y Atlántida; después vendrían otros dos Ciclos más.

La Época Cultural en que nos encontramos, dentro ya del Ciclo quinto, es también la quinta; anteriormente están la Época Proto-Hindú, la Época Proto-Persa, la Época Egipto-Caldea-Hebrea, etc., y la Greco-Latina; por delante de nosotros aún tendrían que venir otras dos Épocas más para que podamos pasar al siguiente Ciclo, el sexto. O sea, actualmente nos encontramos en la quinta Época Cultural del quinto Ciclo del cuarto Estado de Forma del 4º Estado de Vida del 4º Periodo Evolutivo (Ver gráfico página 139).

La época de Cristo coincide con la Greco-Romana. Aquí comenzó la semilla crística a estar disponible, por así decirlo, para todo el que quisiera acogerla. Aquel que la hizo suya (como los iniciados de final del siglo XIX-principios del XX), ha recorrido un camino que le ha conducido a ser un avanzado en nuestra época actual. Un avanzado que está en condiciones de entender cosas que le están veladas al resto de la humanidad; en definitiva, se ha convertido en un iniciado cristiano. Todos estos iniciados serán los que preparen el camino para la sexta época cultural, la que algunos han identificado con la Era de Acuario. En la sexta época se pondrán los cimientos para la sociedad de hombres crísticos que nacerán en el ciclo sexto, cuando acaben las siete Épocas Culturales de este quinto Ciclo. En el Ciclo Sexto habrá otras siete Épocas y en el Ciclo Séptimo otras siete.

El Ciclo quinto empezó después del gran Ciclo de la Atlántida, el cual, según parece, terminó con el Diluvio Universal. Según Rudolf Steiner, este quinto Ciclo ha de acabar con lo que él denomina la gran «Guerra de Todos contra Todos», tras la cual la nueva humanidad iniciará el sexto Ciclo en la primera Época Cultural. Es aquí en este Ciclo donde la nueva categoría de seres humanos nacerá. La semilla de Cristo, puesta en circulación en el Hecho del Gólgota, habrá dado su fruto, y todos los seres que la hayan hecho crecer en su interior despertarán con un nuevo estado de conciencia.

Actualmente nos encontramos en la quinta Época Cultural del quinto Ciclo de Culturas del cuarto Estado de Forma del cuarto Estado de Vida del cuarto Estado de Conciencia

7 Estados de Conciencia (o Planetarios)	7 Estados de Vida (o Vueltas)	7 Estados de Forma (o Fases)	7 Ciclos de Culturas (o Razas)	7 Épocas Culturales
1.- Período de Saturno	1.- Recapitulación del P. de Saturno (1º estado elemental)	1.- Mental Abstracto	1.- Ciclo Polar	1.- Época Proto-Hindú
2.- Período Solar	2.- Recapitulación del Período Solar (2º estado elemental)	2.- Mental Concreto	2.-Ciclo de Hiperborea	2.-Época Proto-Persa
3.- Período Lunar	3.- Recapitulación del Período Lunar (3º estado elemental)	3.- Astral	3.-Ciclo de Lemúrica	3.-Época Egipto-Caldea...
4.- Período Terrestre (Actual)	**4.- Estado Actual (estado Mineral)**	**4.- Físico (Actual)**	4.-Ciclo de Atlántida	4.- Época Greco-Latina
5.- Período de Júpiter	5.- (estado Vegetal)	5.- Astral perfeccionado	**5.- Ciclo Post-Atlante (Actual)**	**5.- Época Actual**
6.- Período de Venus	6.- (estado Animall)	6.- Mental Concreto perfeccionado	6.- Sexto Ciclo	6.- Época Ruso Eslava
7.- Período de Vulcano	7.- (estado Humanol)	7.- Mental Abstracto perfeccionado	7.-Séptimo Ciclo	7.-Época Americana

Etapas Evolutivas

La «Gran Guerra de Todos contra Todos» es la consecuencia a la que se enfrentarán todos los que se empeñan en seguir el camino descendente, el camino inspirado por los luciferes, en el cual, como hemos dicho, el Yo sigue el camino de la separación sin incorporar los valores crísticos, hecho que le llevará a estar en guerra con todos y a todos con él. Sin embargo, esta guerra no es para los que sí se han acogido al impulso de Cristo. Estos últimos no tendrán que pasar por ese trance.

Al final del Periodo Terrestre, nuestros vehículos se habrán espiritualizado de tal forma que apareceremos en el próximo Periodo evolutivo, el Periodo de Júpiter, viviendo en el Mundo Etérico como Mundo inferior (Ahora el Mundo inferior es el Mundo físico, o mejor dicho: la región química del Mundo Físico, pues el Mundo Físico se divide en región química y región etérica). Por supuesto, no todos habremos seguido el camino crístico. Habrá quien haya seguido el camino opuesto y quien se haya quedado rezagado. Lo importante de este Período es que la forma que tengamos nos delatará, cualquiera que nos vea sabrá en el momento si nos inclinamos hacia el Bien o hacia el Mal, pues el nuevo estado de conciencia nos permitirá observar las imágenes del alma de los demás. La Humanidad, según nos cuentan los investigadores espirituales, estará en este Período dividida entre los buenos y los malos; pero los buenos no podrán luchar contra los malos como ahora, sino que tendrán que transformarlos a fuerza de Amor.

El Período de Júpiter dará paso al Período de Venus, cuyo Mundo inferior será el Mundo de Deseos, y el último Periodo será el de Vulcano, en el cual habremos alcanzado el Plan Divino y nos habremos convertido en dioses creadores a imagen y semejanza de Dios. El Mundo inferior será el Mundo del Pensamiento (la región del Pensamiento concreto). La Creación, al llegar aquí, habrá sido completada. A partir de este momento nosotros iniciaremos un camino que, por ahora, está infinitamente más allá de nuestro alcance. Pero la gloria que nos espera es grandiosa, así como la importancia que tenemos en la Creación. Así que para terminar creo necesario hacerlo con las siguientes palabras de Cristo:

«En la Casa de mi Padre muchas moradas hay; si así no fuera, yo os lo hubiera dicho; voy, pues, a preparar lugar para vosotros. Y si me fuere y os preparare lugar, vendré otra vez, y os tomaré a mí mismo, para que donde yo estoy, vosotros también estéis. Y sabéis a dónde voy, y sabéis el camino.
Le dijo Tomás: Señor, no sabemos a dónde vas; ¿cómo, pues, podemos saber el camino?
Jesús le dijo: Yo soy el camino, la verdad y la vida; nadie viene al Padre, sino por mí».

Juan: 14:2-6

OTROS TÍTULOS PUBLICADOS POR ESTA EDITORIAL

ÁNGELES, LAS FUERZAS OCULTAS DEL UNIVERSO

Un estudio completo sobre la importancia de los ángeles en el Universo y en nuestra vida cotidiana..

EVANGELIOS APÓCRIFOS

Verdaderas joyas históricas, legado de la Humanidad, que no pueden pasar desapercibidas para todo aquel que desee profundizar en las raíces del cristianismo.

EL MANUSCRITO DEL DISCÍPULO AMADO
Narrativa:

Un manuscrito inédito, atribuido al apóstol San Juan, que ha sido custodiado por los hermanos mayores durante dos mil años, sale ahora a la luz con el fin de impulsar el nacimiento Crístico en el corazón humano.

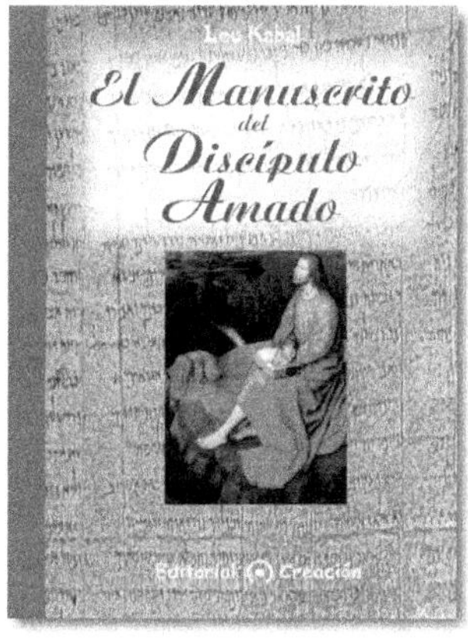